## Johanne Voyer

Préface de Mélissa Normandin Roberge

# CHAUFFEUR OU PASSAGER?

Comment reprendre le volant pour t'assurer de ne pas gaspiller tes talents, ton temps, ta vie.

Catalogage avant publication de Bibliothèque et Archives nationales du Québec et Bibliothèque et Archives Canada

Voyer, Johanne, 1966 –
    Chauffeur ou passager? : comment reprendre le volant pour t'assurer de ne pas gaspiller tes talents, ton temps, ta vie.
    ISBN 978-2-9816780-1-0 (couverture souple)

    1. Réalisation de soi   I.Titre.

BF637.S4V69 2017         158.1         C2017-941186-1

Éditions Tes choix Ta vie
Infographie :   E. Daniel John
Mise en page : www.wildwordsformatting.com

Dépôt légal – Bibliothèque et Archives nationales du Québec, 2017

Dépôt légal – Bibliothèque et Archives Canada, 2017

ISBN version numérique : 978-2-9816780-0-3
ISBN version imprimée :  978-2-9816780-1-0

© 2017 Éditions Tes choix Ta vie. Tous droits de traduction et d'adaptation réservés. Il est interdit de reproduire, d'enregistrer ou de diffuser en tout ou en partie le présent ouvrage par quelque procédé que ce soit, sans avoir obtenu au préalable l'autorisation écrite du propriétaire du copyright.

L'auteur et l'éditeur ne revendiquent ni ne garantissent l'exactitude, le caractère applicable et approprié, ni l'exhaustivité du contenu de ce livre. Ils déclinent toute responsabilité, expresse ou implicite, quelle qu'elle soit.

À TOI qui as le courage de VIVRE et d'oser honorer pleinement ta vie en ne la gaspillant pas ou en ne la gaspillant plus...

À TOI qui as l'occasion, à chaque moment, de rendre hommage à tous ceux et celles qui ont quitté cette terre avant toi, en saisissant cette occasion pour en faire quelque chose de nourrissant pour toi . . .

À TOI qui oses remettre en question tout ce qui t'a été dit et inculqué pour n'en retenir que ce qui t'amène plus loin...

À TOI qui ne fais peut-être pas encore tout ça, mais qui sens l'appel à l'intérieur...

**Je te passe le volant.**

# TABLE DES MATIÈRES

| | |
|---|---|
| Fais gaffe! | 1 |
| Préface | 3 |
| Introduction | 7 |
| Chapitre 1 : Profites-en donc avant de manquer de gaz | 13 |
| Chapitre 2 : La bonne, la mauvaise et la pire nouvelle | 19 |
| Chapitre 3 : Pourquoi n'embraies-tu pas? | 25 |
| Chapitre 4 : La méthode pour les fous du volant | 43 |
| Chapitre 5 : Quel genre de char veux-tu? | 51 |
| Chapitre 6 : Où veux-tu aller avec ta bagnole? | 67 |
| Chapitre 7 : Où veux-tu aller avec ta bagnole? La suite | 83 |
| Chapitre 8 : Dans quel état est ton tacot? | 91 |
| Chapitre 9 : Démarre! | 95 |
| Chapitre 10 : Avoir les bonnes cartes routières | 107 |
| Chapitre 11 : Pour éviter de caler le moteur aux lumières en haut de la côte | 119 |
| Chapitre 12 : La loi de l'attraction dans le rétroviseur | 131 |
| Chapitre 13 : Une route sans nids de poule? Un dernier mot avant de se dire au revoir | 141 |
| GLOSSAIRE | 145 |
| Remerciements | 153 |
| Pour suivre l'auteur dans la circulation | 155 |

| | |
|---|---:|
| **T'en penses quoi finalement?** | **157** |
| **Annexe A** | **159** |
| **Annexe B** | **164** |
| **Annexe C** | **165** |
| **Annexe D** | **166** |
| **Annexe E** | **167** |
| **Annexe F** | **168** |

# FAIS GAFFE!

J'ai rédigé ce livre dans un style « oral », ce qui explique plusieurs entorses que j'ai faites à notre belle langue française. Faut pas t'en offusquer, ok?

Les mots suivis d'un astérisque (*) figurent dans le glossaire à la fin du livre. Il s'agit principalement d'argot québécois, de mots anglais ou de mots « colorés ».

# PRÉFACE

YOLOOOOO...

Le premier mot que vous lirez du livre de Johanne est celui-là. Moi qui travaille avec des ados depuis longtemps, moi qui prône sans cesse l'importance de vivre sa vie comme on le souhaite, il était évident que j'accepterais l'invitation de Johanne à rédiger ces quelques lignes.

La vie, c'est précieux. Ça doit être un feu d'artifice, petit, moyen ou grand, mais au moins un par jour. C'est si court que c'est absolument IMPENSABLE de devoir revivre la même journée deux fois.

La vie, ça doit être de nombreux coups de tête. Des moments où on ne réfléchit pas trop à ce qui nous attend, où on doit agir selon notre instinct et nos valeurs, combattre notre peur et foncer droit sur nos rêves les plus fous.

Pourquoi? Parce qu'on ne sait jamais de quoi sera fait demain. Parce qu'on ne peut jamais réellement se tromper, seulement apprendre. Parce qu'on doit comprendre rapidement que c'est NOTRE vie... et NOTRE responsabilité de la vivre pleinement sans se soucier du regard des autres.

Chauffeur ou passager?

Vivre intensément peut être interprété différemment par tous et chacun. L'important est de se mettre en action pour pouvoir accomplir tous nos projets. Pouvoir profiter de ce que la vie nous apporte tous les jours est un réel privilège, et je trouve ça complétement insensé de voir qu'on s'empêche trop souvent de faire le choix de vivre ce qu'on a envie de vivre.

Oui, très souvent on est confronté à des peurs immenses.

Oui, cela nous oblige à sortir de notre zone de confort.

Oui, il se peut qu'on perde des amis/relations en cours de route.

MAIS, c'est justement l'essence même de l'existence : progresser, cheminer, grandir!

*Chauffeur ou passager*? est une excellente façon de se donner les moyens pour suivre sa voie ou le chemin à suivre (oui, le jeu de mots était trop facile), et pour avoir une réflexion réelle sur la façon dont on veut vivre sa vie. Cette réflexion nous amène à choisir la route, le véhicule, la couleur, le modèle, l'essence qu'on met dedans, qui on choisit de faire monter à bord, bref tout ce qui est important pour non seulement se rendre à destination, mais aussi – et surtout – pour profiter en même temps de l'aventure.

Moi qui ne suis pas tant une *fille de char*, mais qui ai le même langage coloré que Johanne, je pense que

## Préface

ses propos sauront vous rejoindre, parce que la comparaison est juste PARFAITE : quand t'embarques dans ton auto, tu ne sais pas toujours ce qui peut arriver, mais l'important c'est JUSTE QUE TU EMBARQUES ET QUE TU PROFITES DE LA BALADE.

Reprendre le volant de sa vie, ce n'est pas d'avoir la certitude que la route sera toujours belle, dépourvue d'obstacles. C'est de comprendre qu'on peut emprunter des détours et qu'on peut se tromper d'itinéraire parce que le GPS était mal réglé, mais c'est surtout de savoir que, peu importe le chemin à parcourir, il sera riche en émotions et vaudra la peine d'être vu.

Je vous souhaite une excellente route et lisez attentivement ce que Johanne vous propose : vous serez surpris par son humour, ses propos remplis de sens, sans se prendre trop au sérieux et surtout par son approche originale!

Bonne route!

Mélissa Normandin Roberge

Entrepreneure, conférencière, coach . . . et experte en paillettes
www.melissanormandinroberge.com

# INTRODUCTION

« YOLO! » lancent les jeunes quand ils se donnent la permission d'en faire à leur tête.

Si tu as plus de 30 ans, il se peut que tu te demandes ce que YOLO veut dire. YOLO = You Only Live Once. Ça se traduit par : on ne vit qu'une fois.

Moi, je trouve qu'on devrait plutôt crier à pleine gorge « YOLN ». You Only Live Now (on ne vit que maintenant). Oui, je l'admets, ça sonne un peu étrange, mais c'est tellement plus juste. Tout ce que l'on sait pour vrai, sans risque d'erreur, c'est qu'on est en vie, maintenant, au moment même de lire ces lignes. C'est le seul point sur lequel on peut tous être en accord, peu importe la race, la religion, la culture, l'adhésion politique, le sexe, etc. Et personne ne sait si dans dix secondes, on sera encore là. YOLN devrait être un symbole de ralliement humain! Bah, ok, je vais prendre une petite respiration, histoire de me calmer.

Est-ce qu'il t'est déjà arrivé de voir des gens éteints, comme si plus rien ne les passionnait ou comme s'ils attendaient toujours le weekend ou encore la retraite?

Connais-tu des gens qui ont simplement choisi leur carrière en fonction du salaire potentiel, ou d'autres qui ont choisi leur partenaire de vie selon ce que les

## Chauffeur ou passager?

autres pensaient ou selon le modèle véhiculé par la société?

Y a-t-il des gens dans ton entourage qui sont bourrés de talents, mais qui n'aboutissent nulle part ou encore qui parlent constamment de leurs projets, mais qui ne font rien au final?

T'es-tu reconnu dans un de ces profils? Si oui, j'ai quelque chose pour toi. Sinon, donne ce livre à une de ces personnes de ton entourage.

Sais-tu quelles sont les trois principales raisons qui empêchent, la plupart du temps, les gens de réaliser leurs projets et leurs rêves? La peur de manquer d'argent, la peur de l'échec et le fait de ne pas savoir comment s'y prendre.

Dans ce livre, tu découvriras une méthode pour t'aider à ne plus gaspiller une seule seconde de ta vie, à en prendre le contrôle et à créer une vie à la hauteur de tes aspirations, rien de moins. Elle est le fruit d'observations, d'expérimentations et d'une profonde réflexion. Tu feras face à tes peurs, mais aussi à tes désirs cachés en toi.

Je ne parle pas de magie ici.

Je ne parle pas de la p'tite madame ou du p'tit monsieur qui a écrit ses rêves sur une feuille et attend patiemment dans son fauteuil que l'Univers lui apporte ça à sa porte.

Introduction

Je parle d'une démarche qui t'aidera à mettre toutes les chances de ton bord pour avoir la meilleure vie possible, pour créer la vie que tu souhaites. Cette démarche ne te protège pas des aléas de l'existence, des coups durs, des épreuves. Non. La vie est faite de forces opposées : la lumière et l'obscurité, la joie et la peine, l'amour et la peur (la haine n'étant qu'un des visages de la peur), l'abondance et la pauvreté, etc. Que tu vives une vie pleine de sens ou non, tu vivras des difficultés. Et tant qu'à vivre ça, je ne sais pas pour toi, mais moi je préfère rouler sur le chemin de mon choix.

Dans mon cas, j'ai fait des choix déterminants dans ma vie, la plupart selon les besoins du moment, sans vision plus grande que ça. Certains ont été hyper gagnants et d'autres pas mal moins... J'ai longtemps eu l'impression de laisser la vie décider pour moi, sans savoir vraiment ce que je voulais. J'ai été chanceuse, car j'ai souvent abouti aux « bons » endroits. Mais est-ce que le sentiment d'accomplissement et de satisfaction était au rendez-vous? Pas toujours. J'avais fréquemment l'impression que je passais à côté de ma vie. Pourtant, j'avais tout ce qu'il me fallait, selon les standards de la société. Avec les années, j'ai découvert ce qui manquait dans ma façon de vivre ma vie. La première chose était un manque de gratitude et d'appréciation de ce que j'avais déjà, et la deuxième était l'absence d'une méthode pour faire de ma vie une réussite à mes propres yeux et

## Chauffeur ou passager?

pour me sauver beaucoup de temps et de souffrances. Cette méthode, c'est mon livre.

Toutes les leçons sont utiles dans la vie, mais si je peux t'épargner quelques claques sur la gueule et quelques détours, je me suis dit que tu aimerais peut-être ça. Mais attache ta tuque* (voir le glossaire), car il n'y a pas de solution miracle, de voie sans embûches. La vie, c'est d'même, que veux-tu.

As-tu déjà admiré des gens pour leur courage, leur détermination, leur audace, leur attitude gagnante et autres qualités personnelles ou professionnelles?

Pourquoi n'es-tu pas une de ces personnes?

Pourquoi n'es-tu pas la personne que tu aimerais vraiment être?

Tu peux être cette personne, je te le dis.

Les Steve Jobs, Mère Teresa, Céline Dion, Guy Laliberté, et autres de ce monde qui se sont réalisés et dépassés, ont pour la plupart suivi intuitivement leur vision et se sont mis en action. Mais on n'est pas tous faits comme eux. Certains d'entre nous ont besoin d'une petite poussée, de panneaux indicateurs pour retrouver notre route. La vie nous a laissé une empreinte différente, et il nous faut de l'aide. Tu sais, je ne réinvente pas la roue ici. Je ne fais que nettoyer les vitres de ton char* pour que tu puisses le conduire en sachant où tu vas.

## Introduction

Quand les gens envisagent de prendre leur vie en main, ils imaginent toujours qu'on parle forcément de changer d'emploi, de virer le conjoint, de perdre la moitié de son poids, etc. Parfois, prendre sa vie en main ça veut juste dire d'y ajouter des éléments qui vont la rendre plus étincelante, plus fascinante et qui donneront le sentiment d'être vraiment vivant. Donc, si tu es assez satisfait de ta vie, mais que tu sens qu'il faudrait que tu y ajoutes un peu de brillance, ce livre est pour toi aussi.

Si tu mets cette méthode en pratique, tu vas te transformer et transformer ta vie. Ça ne peut pas faire autrement. Tu pourras enfin vivre en fonction de TES aspirations, et te réaliser pleinement. Tu ne laisseras plus ton conditionnement te retenir, et ce, dans tous les volets de ta vie.

Évidemment, tu peux faire comme la plupart du monde et remettre ça à demain, ou à jamais. C'est ton choix après tout. Mais s'il y a une petite voix en toi qui te chuchote parfois dans l'oreille que tu peux vivre ta vie plus pleinement, le temps est peut-être venu de l'écouter. Ce livre, c'est moi qui te chuchote à l'oreille et qui t'encourage à prendre la grande route.

De nos jours, on vit dans un monde de consommation rapide. Si tu es le genre qui n'a pas le goût ni le temps de te taper un livre au complet et qui aimerait avoir tout de suite la réponse à la question « C'est quoi ta démarche? », eh bien tu seras servi. Au chapitre 4, tu

## Chauffeur ou passager?

y trouveras la *Méthode pour les fous du volant*. C'est un condensé de ce que j'enseigne dans le livre. Donc, tu as le choix. Cependant, j'aimerais te rappeler que tu peux manger un bon steak cuit à la perfection ou un hamburger de chez McDonald's. Les deux vont te nourrir, mais un te sera plus bénéfique que l'autre. C'est un peu la même chose pour la *Méthode pour les fous du volant*. Tout y est, mais il manque des nuances et des explications. Cependant, ça peut faire la job*, comme on dit. À toi de décider.

Tu verras aussi que mon approche, dans tout le livre, est sans détour, sans prétention et pleine d'humour. Je te parle comme si on était dans ton auto en train de piquer une petite jasette*. En passant, je n'y connais rien aux voitures, mais tout au long de l'écriture du livre, des images et des mots de l'industrie automobile se sont immiscés dans mes phrases. On m'a toujours dit que j'avais de la drive*, ça doit être pour ça...

Ce qui est encore plus important toutefois à mes yeux, c'est que tu cesses de remettre à plus tard tes projets et aspirations et que tu te mettes à vivre une vie pleine de sens, à TON goût, en exploitant tout ce que tu as et auras (ouais, on se découvre des talents insoupçonnés avec le temps, imagine!).

Alors, que décides-tu? Tu passes encore ton tour, en espérant ne pas crever trop tôt, ou bien tu prends le câble que je te tends pour *booster* ton char? YOLN!

Ton choix.

# CHAPITRE 1
# PROFITES-EN DONC AVANT DE MANQUER DE GAZ*

Tu vas être d'accord avec moi pour dire qu'on en a des raisons pour ne pas profiter pleinement de notre vie et de notre potentiel : manque d'argent, peur de l'échec, manque de confiance en soi, manque de temps, peur de l'opinion des autres, manque de compétences/talent/connaissances, peur du changement et de l'inconnu, obligations familiales, mauvais *timing**, manque de persévérance, mauvaise santé, manque de soutien, paresse, etc.

Je te dirais toutefois que c'est la plupart du temps des EXCUSES, oui des excuses! Si on était vraiment conscient, au moins une fois par jour, de la présence de la mort, on réévaluerait nos priorités et beaucoup d'excuses tomberaient. On les prendrait ces foutues leçons de piano ou on l'appellerait cette amie d'enfance qui nous invite tout le temps à aller la visiter à Athènes. On agirait.

**Voici quelques exemples de gens qui avaient des « raisons » de ne pas chercher à se dépasser ou à faire une différence.**

Chauffeur ou passager?

- Raison – Handicap

  **Glenn Cunningham** a couru le mile en un temps record, à Boston, en 1934. Enfant, il était paralysé des jambes et rien ne laissait espérer qu'un jour il pourrait marcher, encore moins courir. Il en avait de toute évidence décidé autrement.

- Raison – Âge

  **Irene O'Shea**, une Australienne de 100 ans, a fait un saut en parachute pour amasser des fonds pour la recherche sur les maladies neurodégénératives. Sa fille était morte de ce type de maladie plusieurs années auparavant. Elle a combattu sa peur et a pris des risques pour faire quelque chose de plus grand qu'elle.

- Raison – Rejets à répétition

  **Jack Canfield et Mark Victor Hansel**, les auteurs du best-seller mondial *Bouillon de poulet pour l'âme*, ont vu leur livre rejeté pas moins de 140 fois avant qu'un éditeur décide de le publier. On leur avait dit que ça ne rapportait pas ce genre d'écrit. Des ventes de 125 millions de dollars, c'est quand même pas si pire*…

- Raison – Rêve impossible

  **Les frères Wright**, inventeurs de l'aviation, ont continué de croire en leur rêve et après de

Profites-en donc avant de manquer de gaz

nombreux essais et échecs, et malgré l'opinion et les railleries des gens, ont enfin pu voler. Le reste est passé à l'histoire.

- Raison – À contre-courant de la société

    **Simone Monet-Chartrand** fut une figure importante dans l'avancée du mouvement féministe au Québec. À l'époque où le droit de vote n'était pas reconnu pour les femmes, où les conditions de travail étaient inhumaines et où les femmes étaient principalement confinées à la maison, cette mère de famille a osé militer et sortir des sentiers battus. Envers et contre tous. Son impact est remarquable.

Oui, ce sont des cas connus, mais dans la vie de tous les jours, il y en a des cas spectaculaires, et ces gens ont tous en commun le courage et le désir de se réaliser et de faire une différence. Tu côtoies peut-être chaque jour des gens qui osent vivre une vie à la hauteur de leurs aspirations. Ils ne sont pas nécessairement devant les projecteurs, mais ils existent. Regarde bien, leurs yeux pétillent.

Oublie les obstacles, les contraintes, les excuses, etc. qui « t'empêchent » de vivre avec des papillons dans le ventre, le couteau entre les dents, prêt à te donner à 100 % pour profiter pleinement de tout ce que tu es et de tout ce qui t'entoure.

## Chauffeur ou passager?

Souvent, les gens se laissent engourdir et oublient ce qui les fait vibrer en dedans. Que tu veuilles apporter un petit plus dans ta vie ou la changer radicalement, il faut que tu retournes EN TOI. Il faut que tu DÉCOUVRES ce qui te fait vibrer TOI, JUSTE TOI.

Certains diront qu'on doit se fier à notre intérieur, à notre intuition. Je suis bien d'accord, mais c'est pas tout le monde qui sait comment ça se manifeste. Une chose est certaine : quand l'idée, le projet ou le rêve que tu as te fait tripper* dans ta tête, dans ton cœur et dans ton corps et te comble de joie, tu es sur une bonne piste.

Et si tu as la chienne*, tu es certain d'être dans la bonne direction!

<u>Attention</u> : ici je ne parle pas d'avoir une peur RÉELLE et FONDÉE (comme avoir peur de mettre la main sur un rond de cuisinière chaud ou encore de transférer toutes tes économies à un inconnu qui te propose un *deal*\* qui sent la marde*), mais bien d'une peur mentale, celle qui te souffle des doutes, qui ne veut pas que tu changes, qui veut que tu restes là où tu es, bien ancré... Toutefois, un sentiment de peur, qu'il soit fondé sur le réel ou non, est un drapeau, une alarme qui sonne pour t'inciter à t'arrêter et à analyser ce qu'il en est vraiment. La peur qui mène vers ton développement personnel, vers ton dépassement de soi dans le respect de qui tu es, c'est celle-là qu'il faut suivre. Tu comprendras mieux

comment t'y retrouver plus loin quand je parlerai du moteur sous le capot.

**Fais des choix et embraie!**

Dans les prochaines pages, tu vas mieux comprendre pourquoi tu n'avances pas et comment t'y prendre pour renverser la vapeur et prendre le volant de ta vie. Le risque que tu cours c'est de tripper solide pour le reste de tes jours. Je me répète, mais il importe que tu saisisses bien que je ne te promets pas une vie parfaite sans obstacles, souffrances, doutes et échecs. Non, mais ta vie sera pleine du sens que tu lui auras donné. À ton dernier souffle, tu pourras dire « mission accomplie ».

N'attends pas que la mort te dérobe la chance de vivre TA vie. Je t'attends au prochain chapitre, si tu veux embarquer et faire une balade avec moi.

# CHAPITRE 2
## LA BONNE, LA MAUVAISE ET LA PIRE NOUVELLE

Voici la bonne nouvelle : tu es actuellement en vie. Voici la mauvaise nouvelle : tu vas mourir un jour. Voici la pire nouvelle : tu ne sais pas quand.

**La vie**

Avant de parler de ta mort, j'aimerais parler de ta vie. C'est quoi pour toi la vie? Qu'est-ce que tu fais ici? À quoi ça sert tout ça?

Certains pensent que la vie, c'est une épreuve pendant laquelle on doit s'organiser le mieux qu'on peut pour survivre et gagner notre ciel. D'autres pensent que c'est une sorte de terrain de jeu pour les âmes qui viennent faire l'expérience de la vie terrestre, un peu comme si elles venaient faire du sport extrême sur terre. D'autres pensent qu'il n'y a aucun sens à tout ça; on naît, on vit, on crève. Point final. Roger, 10-4. Je pense qu'il y a autant de croyances que de gens.

## Chauffeur ou passager?

Peu importe.

Tout ce que je sais, c'est que tu es vivant, pour le moment, puisque tu lis ce que j'ai écrit (elle est perspicace la fille, hein?). Et tant qu'à être vivant – au moins d'un point de vue biologique – pourquoi ne pas en tirer le max? Trop de gens sont sur le *cruise control**. C'est dommage. Et d'autres passent leur vie à chialer et à accuser tout le monde, sauf eux-mêmes, pour la vie merdique qu'ils vivent.

« *Si la vie te donne que des citrons, tu devrais en faire de la limonade... et essayer de trouver quelqu'un qui lui ne reçoit que de la vodka, puis faire la fête!* »
- Ron White

J'aime bien ça.

Jusqu'à maintenant, as-tu vraiment été le maître de tes décisions ou bien estimes-tu ne pas avoir véritablement eu le choix dans ta vie? Tout le monde a ses raisons – ou excuses, devrais-je dire – pour ne pas agir, pour rester dans le statu quo. Les gens restent des passagers au lieu de prendre le volant. À qui veux-tu donner le volant? C'est certain qu'en agissant ainsi, ils évitent d'être responsables de leur bonheur et de leur malheur, mais c'est drôlement moins intéressant que de conduire son bolide.

Revenons toutefois au sujet à la une. Ta mort.

## La bonne, la mauvaise et la pire nouvelle

**La mort est omniprésente à chaque instant!**

Est-ce que tu sais que tu vas mourir? Je sais que tu es au courant que la vie a un début et une fin, mais le SAIS-TU VRAIMENT que tu vas mourir? En es-tu pleinement conscient à chaque moment? Personne ne l'est, peu importe ce qu'ils prétendent. C'est comme ça. On tient la vie pour acquise jusqu'au jour où quelque chose vient nous ébranler.

C'est à 31 ans que j'ai compris que j'allais mourir. Je venais d'apprendre que mon père était mort subitement dans la nuit. Oui, mes grands-parents étaient déjà morts, donc j'avais quand même côtoyé cette réalité, mais c'était comme normal dans ma tête, et surtout loin de moi... Mais quand ton père meurt sans crier gare, je te jure que tu en prends plein la gueule émotionnellement. Ce choc m'a amenée à aller voir un médecin pour faire un bilan de santé. Je n'avais jamais fait ça avant. Après tout, j'étais jeune.

Mon médecin a alors découvert que mon foie se détériorait comme si je m'alignais pour une cirrhose du foie. Il était convaincu que je buvais beaucoup d'alcool, et pourtant... En attendant de rencontrer un spécialiste, je me morfondais, car je ne pouvais pas concevoir mourir à mon âge. J'avais deux jeunes enfants de six et quatre ans. Oui, d'accord, je voyais le pire scénario possible, mais tant que des tests supplémentaires n'étaient pas faits, on ne pouvait pas savoir si l'état de mon foie était réversible.

## Chauffeur ou passager?

Heureusement, tout était lié à ma surcharge de poids. Le gras ne trouvait apparemment plus de place sur mes hanches, donc il allait se loger dans mon foie. J'ai perdu un peu de poids et tout est rentré dans l'ordre. Mais comprends-moi bien. J'ai saisi à ce moment-là que la mort était toujours là, omniprésente. Et malgré ça, j'ai continué à gaspiller ma vie, à remettre à plus tard, à m'imaginer immortelle en quelque sorte. Ce n'est que dans la mi-quarantaine que j'ai allumé mes lumières et que j'ai commencé à reprendre le contrôle de ma vie, un petit pas à la fois (et c'est encore en cours, et ça le sera toujours).

Supposons donc que tu ES maintenant PLEINEMENT CONSCIENT que tu vas mourir un jour (proche ou éloigné, nul ne le sait). Est-ce que tu es heureux des choix que tu as faits jusqu'à maintenant, et ce, dans tous les domaines de ta vie?

Si tu es parmi les « chanceux », tu es assez satisfait dans l'ensemble. C'est pas si pire. Ça pourrait être mieux, mais c'est confortable, donc ok. Tu pourrais mourir demain sans regrets majeurs.

Si tu es parmi les « autres », tu trouves que ta vie c'est de la marde et tu en as ras le pompon* de tirer le diable par la queue. Tu es né pour un petit pain, et tu acceptes ta situation la plupart du temps, car c'est clair que tu n'as pas le choix après tout… Ça ne prend pas un dérèglement hormonal ou une caisse* de 12 pour comprendre ça. Et tu blâmes le monde entier.

## La bonne, la mauvaise et la pire nouvelle

Si tu devais t'étendre demain sur ton lit de mort, en regardant ta vie, qu'aurais-tu aimé VRAIMENT faire, dire, être, accomplir que tu n'as pas fait, dit, été ou accompli? Quelles traces aurais-tu aimé laisser derrière toi?

Je suis pas mal certaine qu'on peut dire, peu importe dans quel groupe on se situe, qu'il y a place à amélioration, *right*?

Si tu es d'accord, prépare-toi à découvrir le pouvoir qui est en toi dans les pages suivantes.

# CHAPITRE 3
# POURQUOI N'EMBRAIES-TU PAS?

**Parce que je suis d'même!**

Est-ce que ça t'est déjà arrivé de faire un petit reproche à quelqu'un et la personne t'a répondu « ben, chu d'même! J'peux pas changer! ». Moi oui. Et chaque fois ça me met le feu au c... Pourquoi? Est-ce parce que je suis une contrôlante perfectionniste névrosée? Pas tout à fait. En réalité, ça me brûle quand on me répond « Parce que je suis d'même! », car c'est faux, ARCHI FAUX. Personne n'est né colérique, paresseux, mesquin, raciste, violent, etc. Personne. On peut avoir des prédispositions, mais on ne naît pas ainsi. Nelson Mandela semblait du même avis à cet égard.

*« Personne ne naît en détestant l'autre en raison de la couleur de sa peau, ou de son origine, ou de sa religion. »*

Peu importe ton âge, tu es DEVENU d'même, 1) parce que tu es le résultat de TOUS TES CHOIX, conscients et inconscients, 2) parce que tous tes choix sont dictés principalement par TON CONDITIONNEMENT (voir un peu plus loin pour la définition) et 3) parce que, quelque part, ça fait ton affaire d'être d'même...

## Chauffeur ou passager?

Va relire ces dernières lignes et prends le temps de bien en saisir le sens. Je ne déconne pas. C'est super important, car dorénavant tu ne pourras plus blâmer la terre entière pour tes décisions. À partir d'aujourd'hui, sachant tout ce que tu vas apprendre, tu ne pourras plus être la victime de quoi ou de qui que ce soit. Si tu n'es pas convaincu, va lire *Victime des autres, bourreau de soi-même* du psychanalyste jungien et auteur québécois, Guy Corneau. C'est un excellent ouvrage pour arrêter la victimite* et s'approprier son propre pouvoir.

Oui, ok, je t'entends me dire que c'est pas de ta faute si ton fils est malade et que ça t'empêche de vivre tous tes rêves. Bon. Je te prends la main deux minutes pour sympathiser avec toi, mais voici ce qu'il en est. Supposons que ton fils a une maladie et que tu n'as rien à voir avec ça (tu n'as pas fumé de crack pendant ta grossesse, mettons). C'est une *curve*\* que t'as reçue, j'en conviens. Mais ce que tu vas faire de cette situation est TON *FREAKING*\* CHOIX. Ce qui fait la différence, c'est ton attitude et la façon dont tu réagis aux coups durs et comment tu t'en relèves. Mon livre n'en est pas un sur l'attitude, mais tout ce qui le sous-tend relève de l'attitude. Soit que tu adoptes une attitude propice à la création d'une vie à la hauteur de tes aspirations et qui te permettra de faire face à la *shit*\*, soit que tu courbes l'échine et que tu laisses les autres et ton conditionnement contrôler ta vie. Libre à toi, comme toujours.

Pourquoi n'embraies-tu pas?

Voici un exemple de choix avec la bonne attitude. Je connais une dame séparée qui a un enfant qui nécessite continuellement des soins et fait à répétition des séjours à l'hôpital. Elle mène de front deux emplois en plus de s'occuper de son fils. Oui, elle a de la broue* dans le toupet et elle est parfois royalement découragée. Mais dans l'adversité, elle a fait des choix intelligents. Elle a choisi deux emplois qu'elle aime vraiment et dont l'horaire est souple, même s'ils ne sont pas hyper payants. Ainsi, elle peut s'épanouir comme individu et avoir du temps pour son fils. Elle a su aussi s'entourer d'amis solides qui sont là pour la soutenir quand elle en a besoin. Et ses amis sont exceptionnels, car elle-même se comporte en être exceptionnel, courageux et authentique. On attire ce que l'on est. Elle a choisi également de ne jamais garder de gens toxiques autour d'elle et de son fils. Ce sont tous des choix qu'elle fait, tu comprends? Elle a hérité d'une situation pas facile, mais elle a décidé d'en faire quelque chose de stimulant, d'édifiant et de nourrissant. Et son fils la voit aller. Il sait qu'il est lourd, mais il sait qu'il est aimé totalement et qu'il n'empêche pas l'épanouissement de sa mère. Je dirais même qu'il y a contribué grandement, car elle a dû chercher en elle le courage et les ressources nécessaires pour relever ce défi avec amour. Elle a fait des choix qui lui conviennent, même s'ils ne sont pas parfaits, et qui lui permettent de s'épanouir et de vivre une vie pleine de sens. Mais comment faire des choix qui nous conviennent?

Chauffeur ou passager?

**Parlons du moteur sous le capot**

Bienvenue dans le monde de ton cerveau et de sa puissance incroyable.

Wayne Dyer, mon auteur favori, disait : *Lorsque vous changez votre façon de regarder les choses, les choses que vous regardez changent.* Il n'y a pas plus vrai que ça.

Voici le bout qui me passionne, bien qu'il puisse paraître à première vue ennuyeux.

Tu vois ce que je viens de faire? Je viens de conditionner ton cerveau à trouver ce qui va suivre ennuyeux. C'est ça aussi du conditionnement. Alors, enlève ça de ta tête et concentre-toi sur le fait que c'est PASSIONNANT. Tu vas voir, c'est hyper vulgarisé. Pour en savoir davantage sur le fonctionnement du cerveau en termes courants et intéressants, je te conseille d'aller voir les vidéos de David Lefrançois sur YouTube. Génial ce gars. Pour le moment, on reste dans le très, très général et on fait ça johanne-style, ok?

**Le conditionnement**

Avant de parler de changement quelconque, de projets enivrants, de rêves à réaliser, il faut ABSOLUMENT comprendre comment on a été conditionné. Juste pour s'amuser un peu, regardons

Pourquoi n'embraies-tu pas?

la définition de « conditionnement » dans le *Petit Robert*.

*Action de conditionner* [note de l'auteur : aimes-tu ça autant que moi ce genre de définition à la con?]; *de provoquer artificiellement des réflexes conditionnés et (par extension) des habitudes de pensée, de comportement dans un ensemble social.*

Juste pour s'assurer qu'on a bien compris, allons voir la définition de « Conditionner », toujours selon le Petit Bob (c'est pour les intimes ça).

*Mettre en condition, rendre conditionné.* [Que dire de plus?]

Laisse-moi t'illustrer ça autrement :

> Le **cerveau** est comme un **ordinateur** : il emmagasine de l'information et répond aux commandes qu'on lui donne.

À ta naissance, tu es comme un ordinateur qui sort de l'usine.

Normalement, l'être humain vient avec un système d'exploitation de base suffisant pour assurer sa survie (cœur qui bat, reins qui fonctionnent, réflexes de base et neurones en place, etc.). À la naissance, il a déjà enregistré quelques données pendant la grossesse. Elles sont positives si tout s'est bien passé. Si ce n'est pas le cas, elles laissent une empreinte « négative ». Et tout ça a commencé avant la sortie de l'usine. Je suis cependant convaincue, sans l'ombre d'un doute,

## Chauffeur ou passager ?

que la toute première donnée vraiment « négative » que tout le monde enregistre, c'est assurément le moment où on sort du ventre de notre mère, ce moment où on quitte un endroit chaud, humide et confortable avec lumières tamisées et sons en sourdine pour être tenu nu dans les airs, au froid, pendant qu'on nous tapote et qu'on nous retire le mucus du nez et des poumons. Je ne sais pas pour toi, mais pour moi ça serait comme me faire sortir de mon lit super chaud et douillet à 4 h, un jour de grand froid, après une cuite, par un inconnu qui allume toutes les lumières et me tient à bout de bras en me tripotant pendant trois ou quatre minutes. L'horreur. Ça me ferait faire un *rebirth*\* pas agréable du tout, c'est certain !

Puis c'est parti mon kiki ! Pour le restant de ta vie, ton cerveau va TOUT enregistrer : expériences émotionnelles et physiques, paroles d'autrui, images que tu verras consciemment ou non, etc. Les connexions neuronales se multiplieront à une vitesse grand V pendant les années de croissance (jusqu'à la fin de l'adolescence environ). La personnalité se formera et se cristallisera par la suite.

Si tu t'es fait dire souvent ou encore avec émotion que tu étais paresseux, méchant, stupide ou encore gentil, aimable, responsable et autres, c'est ce que tu croiras être. Ton environnement te définira ainsi. À ton insu. Tu participeras à ce conditionnement en croyant tout ce qui t'aura été inculqué, et tu renforceras ça en te répétant à quel point tu es ceci

## Pourquoi n'embraies-tu pas?

ou cela. Tu t'attribueras toi-même aussi des qualités ou défauts selon tes expériences.

Autre aspect fascinant, c'est que le cerveau utilise les données ayant le plus d'impact et celles qui sont les plus facilement accessibles. Si on t'a dit souvent que tu étais doué, MAIS qu'UNE fois on t'a traité de stupide et que tu en as été marqué profondément, il y a de forts risques que tu conserves en toi une croyance profonde à l'effet que tu es stupide. Vu que tu ne l'es pas, tu tireras probablement très bien ton épingle du jeu dans la vie, mais intérieurement tu pourrais traîner le syndrome de l'imposteur, p. ex. ce qui te fera toujours craindre de te faire démasquer pour la personne stupide que tu crois être au fond de toi. Ce genre de croyance peut faire de toi quelqu'un de contrôlant (vouloir tout contrôler pour éviter qu'on te coince) ou de perfectionniste qui ne se donne pas droit à l'erreur. Ce ne sont que des exemples.

Comme tu peux le voir, ce que l'on vit laisse des traces et façonne qui l'on croit être.

Ce n'est pas que le cerveau soit stagnant. Au contraire, il est en changement constant, mais tant que tu restes inconscient de ce qui s'est inscrit en toi ou du fonctionnement de ton cerveau, tu es à la merci de ton conditionnement.

Si tu es encore sceptique, donne-moi une minute pour t'illustrer mon point sur le conditionnement.

## Chauffeur ou passager?

Crois-tu sincèrement qu'un meurtrier rêvait d'être un criminel quand il était tout petit? Non. Il devait rêver d'être un héros ou un policier ou un pompier, ou je ne sais trop quoi, mais bien un modèle, quelqu'un de bien. Oui, quelque part, parfois très tôt, quelque chose a changé sa perception, mais à la base, ce n'était l'ambition d'aucun être humain. On devient délinquant en raison des choix que l'on fait, consciemment ou non. Mais on demeure responsable de ses choix. Oui, le criminel a probablement vécu des choses difficiles, mais il a DÉCIDÉ – avec le niveau de jugement dont il disposait – de gérer sa vie en empruntant, décision après décision, le chemin vers la délinquance. Mom* Boucher ne rêvait sûrement pas d'être le boss d'un groupe de motards quand il avait deux ans. Un moment donné, on bifurque parce qu'on n'a pas une vision claire de ce que l'on veut dans sa vie, ni de ce que l'on peut accomplir et devenir. On se laisse façonner par notre environnement sans savoir que le pouvoir, c'est nous qui l'avons.

**Allons voir un peu plus près du moteur**

Trois cerveaux, quatre pistons

On a une boîte crânienne qui renferme trois cerveaux qui sont apparus successivement au fil de notre évolution. Ils remplissent tous une fonction particulière. De plus, l'un des cerveaux est divisé en

## Pourquoi n'embraies-tu pas?

deux parties ayant chacune leur mot à dire. Pour que la machine fonctionne bien, il faut que les quatre pistons travaillent ensemble... la plupart du temps. Si tu veux en savoir plus en détail, va voir ton prof de bio, ton médecin ou navigue sur internet, car ce n'est pas ici qu'on va disséquer un cerveau, non merci. Mais voici néanmoins l'information de base qu'il te faut pour comprendre comment fonctionne ta machine.

**Cerveau reptilien** : C'est le premier, le premier disque dur, la pièce d'origine. Il est au cœur de l'action. C'est lui qui s'est toujours occupé de notre survie. Faut manger, chier, dormir, se reproduire. Et rester en vie, surtout. Lui, c'est son job de s'assurer de tout ça.

C'est lui qui se met en action, qui s'assure de gérer le corps et de le faire réagir selon les informations qu'il reçoit du système neuronal. En passant, si tu arrives à boire, c'est que ton cerveau reptilien a envoyé tous les bons signaux aux muscles de ta gorge. Il est comme un ordinateur central, et ce, depuis le tout début.

Quand le tigre à dents de sabre fonçait sur l'être humain, le cerveau envoyait une décharge d'enfer d'adrénaline pour que le mec décampe au plus vite ou qu'il se défende. En aucun cas il ne conseillerait d'observer, en toute zénitude, le comportement de l'ennemi pour essayer de le comprendre. Aujourd'hui, il réagit de la même façon et ne peut être

## Chauffeur ou passager?

reprogrammé. Lui, son job c'est de te faire figer, fuir ou combattre. C'est bon?

**Cerveau limbique** : C'est le cerveau des émotions, du rapport avec notre environnement et les autres. Grâce à lui, on cherche à améliorer notre confort et à avoir le maximum de plaisir. Il s'exprime en couleurs, en mouvement, en sensations. Il se souvient.

**Néocortex** : C'est le dernier, mais non le moindre. Le cerveau de la pensée rationnelle. Il nous permet d'analyser, de planifier, de nous projeter dans l'avenir et de chercher à améliorer notre vie tant physique que psychique.

Il est divisé en deux parties : l'hémisphère gauche et l'hémisphère droit.

L'hémisphère gauche est la zone où la pensée rationnelle a lieu, où tu peux planifier, où tu peux analyser, où tu peux prévoir, où tu peux exprimer ta pensée, où tu traites la symbolique et les concepts abstraits, où tu insuffles de la logique et où tu peux comprendre les chiffres. Les données sont traitées de façon linéaire. Il aime les détails.

L'hémisphère droit conçoit le monde de façon globale et peut traiter facilement de l'information incomplète grâce à la faculté d'imagination. Il comprend mieux le non-dit que le langage. Il voit les choses telles qu'elles sont au moment où elles sont. Il est intuitif puisqu'il capte en termes d'impressions, de sentiments et d'images les éléments présents. Contrairement à

Pourquoi n'embraies-tu pas?

l'hémisphère gauche, il ne cherche pas à trouver du sens à quoi que ce soit.

Reprenons l'exemple de notre tigre aux dents de sabre. Imaginons un moment qu'il est là, avec nous. En le voyant, le cerveau reptilien est automatiquement interpellé, car c'est lui le chien de garde de notre survie. Il prendra alors la décision initiale de figer, de fuir ou de lutter. L'information qu'il a captée sera transmise instantanément au cerveau limbique où sera créée l'émotion correspondante (dans ce cas-ci, la peur), puis ces informations seront transmises au néocortex qui va rapidement analyser la situation (le tigre est-il vivant? M'a-t-il vu? Semble-t-il vouloir m'attaquer?). Selon les données analysées, des actions seront prises. Si la survie est menacée immédiatement, le cerveau reptilien prendra le relais et dira aux deux autres : « Stop! Tassez-vous, je m'en occupe sinon on va mourir! On analysera et on pleurera plus tard! ». Évidemment, c'est une parodie, mais ça te donne une idée de ce qui peut dicter tes choix inconsciemment. En passant, tout ça se passe en une fraction de seconde...

À quoi ça sert de savoir ça? À éviter l'autosabotage. Plus loin, tu vas définir ce que tu veux devenir et vivre, et tu vas faire des choix. Si tu veux mener à bien tes projets, tu ne peux pas compter uniquement sur ta « motivation ». C'est de la marde. Ça ne dure qu'un temps, mais dès que la route devient un peu plus escarpée, si ton cerveau AU COMPLET n'est pas

## Chauffeur ou passager?

d'accord avec ton projet, tu vas t'autosaboter, c'est certain.

Si ton cerveau ne te trouve pas crédible, il ne travaillera pas pour toi.

Voici des questions que l'on doit se poser quand on veut que toute la machine se mette en branle.

Est-ce que mon projet peut d'une quelconque façon assurer ma survie? Si oui, M. Reptilien est aux anges.

Est-ce que mon projet me fait ressentir des émotions agréables? Si oui, M. Limbique donnera son consentement.

Est-ce que mon côté créatif et imaginatif peut être mis à profit? Si oui, M. Hémisphère droit va embarquer.

Est-ce que ce projet a du sens, est-ce que je peux y apporter de l'intelligence pour le rendre encore plus intéressant? Si oui, M. Hémisphère gauche ne se sentira pas mis de côté.

En trouvant un élément qui satisfait chaque cerveau, donc les besoins fondamentaux pour une vie heureuse, tu viens d'augmenter exponentiellement tes chances de réussite.

En passant, j'aurais pu écrire Mme Reptilien, etc. Je suis « old school » avec ça. J'écris au masculin...

Pourquoi n'embraies-tu pas?

## Une Lamborghini qui se comporte comme une Camry*

La capacité du cerveau est incroyable. Il a la capacité d'une Lamborghini, mais est paresseux comme une Camry. Et il n'aime pas le changement. Il a construit ses réseaux neuronaux et si tout fonctionne bien, il ne veut pas qu'on y change quoi que ce soit. Il va toujours emprunter les réseaux neuronaux les plus faciles, donc les plus utilisés. C'est un peu comme des autoroutes. Imagine que tu conduis une voiture et que depuis dix ans tu empruntes toujours l'autoroute 40. Si on te demande de changer de chemin, tu résisteras, c'est clair. Pourquoi changer, te demanderas-tu, après tout, ça marche bien comme ça. Il se pourrait toutefois que TOI tu aies le goût de changer d'itinéraire. Donc, pour changer quoi que ce soit dans ta vie, tu devras commencer par bâtir de nouvelles routes.

Ton cerveau s'est bâti un réseau routier hyper solide. Des autoroutes sans nids* de poule qui te permettent de rouler à toute vitesse, parfois vers la catastrophe. Et te voilà qui arrives avec une idée de changement. Et là, tu te mets à bâtir des routes. Au début, ce sont des routes de campagne avec de la gravelle, de la terre et des trous. Mais tu es super content de voir la nature, de vivre une nouvelle expérience sur ce chemin bucolique. Ton mental va t'endurer un petit moment, mais, à moins d'avoir la collaboration de toutes les parties de ton cerveau, ça va l'emmerder solide, et il va vouloir que tu prennes

Chauffeur ou passager?

l'embranchement vers l'autoroute pour revenir à la « normale ».

Ton conditionnement c'est donc les autoroutes dans ton cerveau.

Ta reprogrammation consciente, c'est tes chemins de campagne.

**Tu peux ajouter des options à ton char**

Le potentiel de chaque être humain dépasse l'entendement. Il est réel et atteignable. Le cerveau est une machine extraordinaire qu'on sous-estime et il est fait pour obéir aux commandes. La difficulté réside dans le fait qu'il n'aime pas le changement et qu'au début les commandes que nous lui adressons lui semblent complexes, et le programme initial veut prendre le dessus.

Voici un exemple. Supposons que tu aimerais développer ta patience. On s'entend que tu as sûrement une autoroute neuronale appelée « impatience ». Dans ton enfance, cette impatience t'a probablement bien servi pour avoir ce que tu voulais sinon ton cerveau ne l'aurait pas retenue comme réflexe utile. Mais maintenant, tu veux devenir patient, car c'est une valeur que tu voudrais incarner consciemment.

Donc, chaque fois que tu vas CHOISIR d'être patient au lieu d'impatient, c'est comme si tu disais à ton

Pourquoi n'embraies-tu pas?

cerveau de quitter l'autoroute et d'emprunter un chemin de campagne obscur où la route n'est même pas goudronnée. C'est totalement illogique pour lui, mais si tu insistes, il va obéir... au début. Si la situation met ta patience à rude épreuve, ton cerveau va revenir à la charge et te montrer qu'il y a plein d'embranchements pour revenir sur l'autoroute « impatience ». Si tu continues de choisir la patience, il va rester sur ton chemin de campagne, mais continuera sa résistance.

Si tu gardes le cap chaque fois qu'une situation t'exige de la patience, tu vas renforcer ton nouveau schéma neuronal. Cependant, pour que ça devienne plus facile, n'oublie pas que les quatre parties de ton cerveau doivent être de ton bord.

C'est un peu comme si tu commençais à goudronner ta route de campagne, puis à ajouter deux, puis quatre voies, et des lumières, etc. pour en faire une nouvelle autoroute. Avec de la répétition, ça sera alors de plus en plus aisé pour ton cerveau d'emprunter ce chemin. Et si tu y trouves du plaisir, ton cerveau limbique en sera enchanté et ton néocortex se félicitera d'avoir eu cette excellente idée. Ton cerveau reptilien se tiendra tranquille tant qu'aucune menace ne semblera se pointer.

Si tu veux devenir sportive, ce sera la même chose. Il voudra te décourager et t'invitera de maintes façons – parfois même physiquement par la maladie ou une

## Chauffeur ou passager?

blessure – à oublier cette folle idée de faire travailler ton corps.

Attention : Ne pense pas que ton cerveau aura oublié l'autoroute de l'impatience ou de la sédentarité. Oh, que non! Chaque fois que tu reprendras cette ancienne autoroute, tu négligeras ta nouvelle. C'est un peu comme courir tous les jours, arrêter pendant deux semaines, puis reprendre la course. C'est plus ardu au début, mais si on persévère, on reprend vite son rythme. Je tenais simplement à t'informer que cette ancienne autoroute ne sera jamais complètement détruite. Vigilance requise.

**Ton mental veut travailler pour toi malgré les apparences**

Comme je le disais plus haut, le cerveau obéit aux commandes, s'il n'y a pas d'ambiguïté. Et ton cerveau veut ce qu'il y a de mieux pour toi, mais il a peur du changement, car ça pourrait mettre ton existence en péril. Il ne fait pas la distinction entre une peur ou une situation fictive ou réelle. Tu dois prendre les commandes toutefois.

Si tu es convaincu que tu peux devenir le boss de l'entreprise où tu travailles ou encore le meilleur étudiant de ta promotion et que cette intention met à profit tout ton cerveau, celui-ci sera à la recherche constante d'occasions pour te rapprocher de la réalisation de cette aspiration. C'est parce qu'il élargit

Pourquoi n'embraies-tu pas?

son champ de vision en raison de la commande que tu as passée consciemment et intelligemment.

Je vais te donner un autre exemple.

Tu veux t'acheter une voiture vert lime. Je te garantis que tu vas en voir comme jamais auparavant. Est-ce parce que l'Univers a matérialisé tout d'un coup des voitures vert lime? Non. C'est que ton cerveau n'estimait pas que cette information t'était utile avant. Les voitures vert lime existaient, mais tu n'y prêtais aucune attention. Maintenant que tu veux voir des voitures vert lime, le cerveau attire ton attention dès qu'il y en a une qui apparaît dans ton environnement.

Les athlètes de haut niveau font de la visualisation (qui fait appel aux quatre parties du cerveau) pour améliorer leur performance. Ce n'est pas pour rien. En entraînant ainsi leur cerveau à voir l'ultime performance, ils s'aident à mieux performer en compétition, car leur cerveau tente de reproduire le plus possible la commande qui lui a été donnée.

Pour que tu puisses exploiter ton plein potentiel et créer la vie que tu souhaites, tu DOIS programmer ton cerveau, lui donner des commandes à exécuter, autrement il continuera à guider ta vie en se fondant sur les anciennes commandes et croyances acquises dans le passé.

La méthode que je te propose est la base et si tu ne fais pas le travail suggéré, l'efficacité des outils

Chauffeur ou passager?

complémentaires que tu pourrais utiliser sera pratiquement anéantie, car tu n'auras pas pris de décision consciente, et ce n'est que ton inconscient qui continuera de mener le bal. **Le mental doit être au service de l'humain, pas l'inverse. À toi d'y voir.**

**Avant de poursuivre**

Créer une vie à la hauteur de ses aspirations ne se fait pas par magie. Je sais que je me répète, mais c'est important. C'est le projet d'une vie entière. Une vie entière pleine de sens.

Maintenant que tu comprends mieux comment ton cerveau fonctionne et que tu saisis que tu as été un participant plutôt passif dans ta vie, tu vas pouvoir commencer à t'observer plus objectivement, sans te juger, te rabaisser ou t'en vouloir de n'avoir pas pris les « bonnes » décisions. Tu vas aussi pouvoir te regarder bien comme il faut en sachant que tu as du pouvoir sur toi, sur qui tu veux être et sur la vie que tu veux vivre. Tout n'est pas fini, mon ami, au contraire. Tout ne fait que commencer.

**Reprends ton pouvoir. Maintenant.** Comment? Continue ta lecture.

# CHAPITRE 4
# LA MÉTHODE POUR
# LES FOUS DU VOLANT

Toi, tu n'as pas de temps à perdre, voilà pourquoi tu t'es tiré sur ce chapitre. Tu ne veux pas niaiser* avec la *puck**, comme on dit par chez nous (chez nous étant le Québec, et la *puck* étant la rondelle ou le palet au hockey).

Je te présente ci-dessous les étapes à suivre pour prendre le volant de ta vie et devenir la meilleure version de toi-même, et par le fait même, vivre une vie à la hauteur de tes aspirations. C'est pas n'importe quoi, hein?

Dans ce chapitre, tu as la version courte, abrégée, hyper épurée, presque sans chair, quoi! Tu peux partir avec ça si tu le veux et oublier le reste du livre. Je sais que certaines personnes détestent les palabres et veulent l'essentiel. C'est donc ce qui se trouve ici. Je pense personnellement que ce n'est pas suffisant. Il faut mettre en contexte, nuancer et mettre de la chair autour de l'os pour améliorer les chances de réussite (sinon pourquoi avoir écrit toutes les autres pages?).

## Chauffeur ou passager?

Dans ma vie, j'ai remarqué que les gens qui vont trop vite s'essoufflent rapidement et abandonnent en cours de route. Je le sais, car j'étais l'une de ces personnes (et le suis encore parfois, étant encore un être humain). Ce qui me fait ralentir aujourd'hui, c'est le manque de résultats. Comme une abeille, je butinais de livre en livre, d'expérience en expérience, sans jamais (ou rarement) aller plus en profondeur ou éprouver mes connaissances sur une période prolongée. Je voulais tout, tout de suite. Ça marche pour un temps, mais c'est rarement durable.

Je ne veux pas te faire la leçon mon cher ou ma chère (seule fois où je vais alourdir le texte avec la féminisation… mesdames, ne le prenez pas mal). Si j'ai mis la version abrégée, c'est que j'aurais aimé l'avoir dans plusieurs livres. Au moins, j'aurais pu voir si ce qu'on me proposait avait des chances de me convenir, et ce, d'un seul coup d'œil. Puis, j'aurais pu approfondir, si je le voulais, en poursuivant ma lecture.

C'est ça que je te propose. Si tu veux en savoir plus long, tu n'as qu'à poursuivre ta lecture. Sinon, pas de problème. Lis la méthode que je te propose, puis referme le livre et va changer ta vie. Je serai toujours là (dans ce livre, sur Facebook, sur mes blogs, LinkedIn, YouTube, Instagram, etc.) si jamais t'as besoin d'aller plus loin.

Prêt? Ok, on y va.

**Méthode pour prendre le volant**

Imagine que tu as un char usagé dans ta cour et que tu aimerais le *pimper*\* pour en faire une version incomparable. Tu vas faire la même chose avec ta vie. Voici ce que je propose.

### Étape 1 - **Quel genre de char veux-tu?**

Qui veux-tu être? Que veux-tu laisser derrière toi en tant que personne? Si tu avais à te **réinventer**, comment serais-tu?

L'idée ici, c'est de prendre un moment pour réfléchir à la personne que tu aimerais être, peu importe qui tu crois être actuellement (p. ex. colérique, paresseux, impatient, naïf, gentil, généreux, etc.). Imagine qu'un génie te donne la chance de te refaire complètement; qui serais-tu? Quelles valeurs incarnerais-tu? Aimerais-tu être admiré pour ta gentillesse, ton intelligence, ta bienveillance, ton humour, ta créativité, ta générosité, ta douceur, ton leadership, etc.? Écris ces caractéristiques (qualités et valeurs personnelles) sur une feuille. Classe-les ensuite par ordre de priorité.

Tu viens de déterminer qui tu veux être.

Chauffeur ou passager?

## Étape 2 – **Où veux-tu aller avec ta bagnole?**

Comment veux-tu vivre ta vie? As-tu des objectifs? Qu'aimerais-tu avoir dans ta vie? Qu'est-ce qui te procurerait le plus de **satisfaction**? Qu'est-ce qui te ferait dire, sur ton lit de mort, que tu t'es réalisé, que tu n'as aucun regret?

Veux-tu un partenaire de vie? Une famille? Une vie de célibataire?

Veux-tu un travail dans un domaine en particulier? Est-ce important pour toi d'avoir un travail qui te passionne, ou bien s'il est payant c'est top?

Veux-tu voyager ou posséder beaucoup de choses, être un investisseur, un aventurier, un moine?

Ce ne sont que quelques pistes de réflexion évidemment. À toi de voir quelle serait ta vie idéale, mais pour cela il faut regarder au fond de toi pour trouver ce qui t'allume ainsi que TES valeurs, celles qui te guideront dans chaque décision vers la vie que tu souhaites, pas celles des autres ou de la société. Tu dois être d'une honnêteté totale avec toi-même. C'est une étape importante.

Tu vois maintenant ce que tu veux de la vie.

Étape 3 - **Dans quel état est ton tacot?**

Où sont les **écarts** entre tes aspirations et ta réalité actuelle?

Pour le savoir, il te faut comparer qui tu es avec qui tu veux être. Tu vois maintenant la personne que tu veux devenir. Tu as sûrement déjà certaines des caractéristiques, certaines sont à renforcer et d'autres à développer grandement. C'est parfait ainsi. Note les écarts.

Compare aussi ta vie actuelle avec celle que tu veux vivre vraiment. D'où pars-tu et où vas-tu? Faut connaître le parcours pour passer à la prochaine étape. Tu constateras ainsi où sont les manques à gagner. C'est comme si tu venais de programmer ton GPS.

Étape 4 – **Démarre!**

C'est bien beau d'avoir programmé ton GPS, mais si tu ne mets pas la clé dans le contact, il ne se passera rien. Tu vas faire du sur-place.

Si tu sais qui tu veux devenir, commence dès maintenant à agir en conséquence. Tu veux être une personne généreuse? Commence à agir petit à petit de façon plus généreuse.

Tu vois la vie que tu veux vivre? Prends un crayon et une feuille et établis un plan et prends des

## Chauffeur ou passager?

engagements envers toi-même. Sois exigeant et ambitieux. Ce plan te servira aussi dans les moments où tu as le goût de baisser les bras, crois-moi.

Tu peux vivre une vie pleine de sens, à ton goût.

La planification, c'est la première étape de mise en marche. Que faut-il ensuite pour aller dans la direction de tes rêves? De l'ACTION.

Si tu ne fais rien de concret, il ne se passera rien. C'est brillant et profond ce que je viens d'écrire, n'est-ce pas? Je suis un génie, ma foi! Blague à part, c'est l'évidence même et pourtant, je connais des gens qui ont des projets plein la tête, qui parlent et parlent, mais qui ne font jamais rien avec ça. C'est comme s'ils rêvaient debout. Tu sais ce qui leur arrive à eux? Rien. *Nothing*. *Fuck all*. Et souvent, ce sont eux qui blâment le plus la vie et les autres. Eux n'ont rien fait, donc c'est pas de leur faute n'est-ce pas? Justement. Ils n'ont rien fait. Et c'est de leur faute. Oui. Oui. Et oui. On n'est pas toujours responsable de ce qui nous arrive, mais on est TOUJOURS responsable de la façon dont on choisit d'agir.

Es-tu l'une de ces personnes? Si tu as ce livre entre tes mains, je crois que non. Je pense que tu as tout ce qu'il te faut pour faire de ta vie une expérience hallucinante. Rien ne sera parfait, mais tu auras la satisfaction de participer vraiment à la course, peu importe ta position de départ.

La méthode pour les fous du volant

Alors voilà, tu as la méthode pour les pressés. Si ce que tu as lu t'inspire, je t'encourage fortement à augmenter tes chances de réussite et de lire le reste. Je vais reprendre ces étapes et mettre de la chair autour de l'os, et tu pourras comprendre pourquoi il est possible de changer qui l'on est ainsi que sa vie. De plus, c'est super bien écrit et facile à comprendre, et drôle par bouts. Qu'attends-tu?

# CHAPITRE 5
## QUEL GENRE DE CHAR VEUX-TU?

**Étape 1**

*Il faut savoir* ***CE QUE L'ON VEUT****. Quand on le sait, il faut avoir le courage de le dire. Quand on le dit, il faut avoir le courage de le faire.*

— Georges Clemenceau

« Connais-toi toi-même », disait Socrate, qui se voyait comme un accoucheur d'âmes puisqu'il aidait ses élèves à retrouver la vérité et la connaissance qui étaient en eux. Tu vas accoucher de toi-même ici. Attache ta tuque. Dans le coffre à gants, il y a de la broche*. Ça pourrait t'être utile.

Si la personne que tu es ne te permet pas d'atteindre les résultats que tu veux et créer la vie que tu souhaites, tu as le pouvoir de te changer. TU PEUX DEVENIR QUI TU VEUX. Mais c'est pas de la magie. Ça prend du travail.

Qui veux-tu être? Que veux-tu laisser derrière toi en tant que personne? Si tu avais à te **réinventer**, comment serais-tu?

L'idée ici, c'est de prendre un moment pour réfléchir à la personne que tu aimerais être.

## Chauffeur ou passager?

Tu dois oublier qui tu crois être aujourd'hui. Tu dois oublier les limites que tu as et celles que tu crois avoir. Oublie ça totalement pour le moment. Ta nature profonde se révélera au travers du travail que tu vas accomplir, et les limites que tu auras seront les tiennes, pas celles que ton conditionnement t'aura imposées.

Peu importe tes projets ou tes rêves, qu'ils soient petits ou grands, on omet toujours l'étape la plus cruciale et basique, soit celle de savoir qui l'on a été programmé à être et qui l'on veut être vraiment.

Prenons un exemple où c'est ton conditionnement et les normes de la société qui ont guidé tes décisions.

Supposons que tu as toujours dit que tu voulais voyager partout dans le monde. Tu as sûrement entendu dans le passé que voyager c'était synonyme de témérité, liberté, audace et que c'est vu comme quelque chose de cool dont TOUT LE MONDE rêve.

Alors, tu te concoctes un projet de voyage, sac à dos et auberges de jeunesse. Et tu fais ton voyage, et tu découvres que tu ne trippes pas fort sur les communes, ni sur les mésaventures ou les chiottes turques. Finalement, tu aurais préféré voyager moins longtemps, mais dans des hôtels moins miteux. Quant à ton partenaire de voyage, il semble tripper des bulles et s'épanouir comme si on le gonflait à l'hélium.

Quel genre de char veux-tu?

À ton retour, tu joues le jeu, car tout le monde est en admiration devant ton courage et est assoiffé d'entendre tes histoires rocambolesques. Et tu mets ton plus beau sourire et tu bombes le torse. Mais dans le fond, tu voudrais juste leur dire que t'as eu un voyage de marde avec un compagnon de voyage qui te tapait sur les nerfs, malgré tes nombreuses séances de méditation assis sur de la terre, entouré d'insectes. Tu ne l'avoueras pas par contre, car les gens ne comprendraient pas, selon toi. T'as flambé 2 500 balles pour te faire chier. Mais tu vas pouvoir en parler longtemps par contre. Et tu pourras embellir tout ça avec le temps, au point d'en avoir presque la nostalgie plus tard.

Si tu avais été réellement en contact avec toi-même et aligné sur tes besoins, tu aurais peut-être eu le courage de faire un voyage à ton goût, un voyage plus « limbique-néocortex » que « reptilien ». Tu serais revenu les yeux pleins d'étoiles et peut-être que tes mésaventures auraient été moins spectaculaires, mais certainement plus satisfaisantes pour toi. Une chose est certaine, tu aurais honoré qui tu VEUX être. Vivre en cohérence, c'est ça la clé de la sérénité. Et la sérénité passe par une acceptation totale des valeurs que l'on porte.

Aimerais-tu être admiré pour ta gentillesse, ton intelligence, ta bienveillance, ton humour, ta créativité, ta générosité, ta douceur, ta persévérance, etc.? Ne te laisse en aucun cas influencer par ton mental qui va tenter de te dire que tu rêves en

## Chauffeur ou passager?

couleur. Après tout, si t'es colérique, c'est parce que la vie t'a donné des cartes de marde et que tu ne peux pas changer ça, n'est-ce pas? FAUX!!!!!! Ces cartes, c'est ton passé. Ici, on parle de ton avenir, donc tu as des choix à faire. Continuer comme tu es parti et ne pas oser rêver à un avenir meilleur ou différent, ou décider ce qui te servirait le mieux en termes de qualités pour améliorer ton avenir.

On va donc plonger tête première dans la première partie pratico-pratique de ta renaissance, baby! On ouvre la portière?

**Avertissement!**

Je répète ici ce que j'ai dit précédemment. Il faut d'abord examiner le réseau routier pour voir les autoroutes déjà existantes et départir les autoroutes utiles de celles qui ne le sont pas. Mais ne t'inquiète pas, dans la plupart des cas, t'auras pas besoin d'une psychanalyse de dix ans.

Pour apporter un quelconque changement, tu dois bâtir de nouveaux chemins selon les caractéristiques que tu auras choisies. Il faut choisir, puis suivre à répétition les nouveaux panneaux que l'on a érigés. La bonne nouvelle, c'est que c'est de plus en plus facile de garder le cap chaque fois.

Puisque ce n'est pas avec un coup de baguette ou des phrases creuses – bien que jolies – que tu vas créer

Quel genre de char veux-tu?

une vie à la hauteur de tes aspirations, il va falloir que tu fasses le travail.

Rappelle-toi qu'un des fondements sur lesquels repose toute cette méthode, c'est qu'il est essentiel d'avoir une vision claire de qui l'on veut être et faire des choix selon ses aspirations et non son conditionnement.

Tu dois répondre aux questions suivantes en étant d'une honnêteté à faire frémir l'être le plus pur de l'univers. Au pire, si tu as peur d'avoir à t'avouer des aspects moins glorieux de ta personne et – OMG*! – les écrire en plus, tu peux prendre des feuilles à part et quand tout sera fini, tu pourras les brûler si tu veux (je te conseille de les garder, dans un coffre-fort s'il le faut, mais de les garder, car tu pourras voir ton évolution, et c'est cool ça). Il faut cependant que tu mettes le couteau entre les dents et que tu fonces.

Pour cette série de questions, tu peux utiliser l'Annexe A, à la fin du livre.

**Tu dois consacrer au moins 5 minutes de réflexion et d'écriture par question.** Pourquoi? Parce que c'est d'même. Non, je blague. C'est parce qu'il faut que tu obliges ton cerveau à forcer un peu. (Lamborghini-Camry, tu te souviens?)

Chauffeur ou passager?

**S'observer honnêtement**

**Q.1   Quelles sont tes qualités dont tu es vraiment fier?**

**Q.2   Quels sont tes défauts selon toi?**

**Q.2a  Quels sont ceux qui te sont quand même parfois utiles, et pourquoi?** (P. ex. si tu es colérique, peut-être que ça te permet de te faire « respecter » par des vendeurs malhonnêtes ou craindre par tes patrons.)

**Q.2b  Quels sont les défauts qui te nuisent la plupart du temps, et pourquoi?** (P. ex. si tu es colérique, il se peut que des gens que tu aimais t'aient quitté, car tu les agressais verbalement.)

**Q.3   Quels sont les reproches ou les compliments qu'on te fait le plus souvent et ceux qui t'ont le plus marqué dans ta vie et pourquoi?**

**Q.3a  Quels sont ceux avec lesquels tu es d'accord, et pourquoi?**

Quel genre de char veux-tu?

**Q.3b Pourquoi n'es-tu pas d'accord avec les autres?**

**Q.3c Dans la liste de traits de caractère ci-dessous, encercle ceux qui te ressemblent le plus POUR VRAI (pas ce que tu aimerais qu'on pense de toi, mais bien ce qui te décrit le mieux, si tu es honnête avec toi-même).** En passant, un trait « négatif » n'en est pas un en tout temps, car il arrive – comme je le disais plus haut – qu'il soit utile et même souhaitable dans certaines circonstances. Ce qu'on veut ici, c'est se regarder droit dans les yeux et de s'assumer tel qu'on est actuellement.

| | | |
|---|---|---|
| Accommodant | Bonasse | Conformiste |
| Accueillant | Brouillon | Consciencieux |
| Actif | Calculateur | Contestataire |
| Aimable | Calme | Coopératif |
| Altruiste | Capricieux | Courageux |
| Amical | Casse-cou/ | Courtois |
| Ambitieux | téméraire | Créatif |
| Anxieux | Chaleureux | Curieux |
| Audacieux | Charitable | Débrouillard |
| Authentique | Cohérent | De nature |
| Autonome | Colérique | critique |
| Autoritaire | Communicatif | Déterminé |
| Aventureux | Compétitif | Dévoué |
| Belliqueux/ | Compatissant | D'humeur |
| querelleur | Compréhensif | changeante |
| Bavard | Conciliant | Digne de |
| Bohème | Confiant | confiance |

## Chauffeur ou passager?

| | | |
|---|---|---|
| Diplomate | Indépendant | Pessimiste |
| Directe | Influençable | Ponctuel |
| Discipliné | Innovateur | Pratique |
| Discret | Inquiet | Prévoyant |
| Docile | Intellectuel | Proactif |
| Doux | Intuitif | Professionnel |
| Drôle | Irritable | Profond |
| Dynamique | Jovial | Prompt |
| Efficace | Joyeux | Prudent |
| Empathique | Leader | Raisonnable |
| Émotif | Lent | Rancunier |
| Encourageant | Logique | Rationnel |
| Énergique | Loyale/fidèle | Réaliste |
| Entier | Mauvais | Réceptif |
| Enthousiaste | perdant | Réfléchi |
| Entreprenant | Méfiant | Renfermé |
| Exigeant | Méthodique | Responsable |
| (envers moi | Minutieux | Rigoureux |
| ou autrui) | Nerveux | Rêveur |
| Expressif | Non- | Révolté |
| Farceur | conformiste | Secret |
| Ferme | Observateur | Sensible |
| Fiable | Optimiste | Serein |
| Fonceur | Opportuniste | Sérieux |
| Fort | Ordonné | Serviable |
| Fragile | Organisé | Sociable |
| Franc | Orgueilleux | Solitaire |
| Généreux | Ouvert | Souple |
| Honnête | d'esprit | Spontané |
| Humaniste | Ouvert au | Sévère |
| Hypersensible | changement | Susceptible |
| Idéaliste | Patient | Sympathique |
| Impulsif | Perfectionniste | Têtu |
| Imaginatif | Persévérant | Timide |
| Impatient | Perspicace | Tolérant |
| Indécis | Persuasif | |

**Q.3d Inscris les huit à dix traits qui te décrivent le plus sous la colonne 1 de l'Annexe B.**

Quel genre de char veux-tu?

Bon!

Ce que tu viens de faire, c'est de regarder de haut l'identité qu'on t'a inculquée d'une quelconque façon. Tu as aussi fait des choix là-dedans. Par exemple, si tu es devenu un délinquant à un moment dans ta vie, c'est que quelque part ça t'apportait quelque chose et tu as forgé ta personnalité de façon à t'adapter à ça.

On passe à autre chose.

**C'est l'heure des choix d'options**

**Q.4   Quelles qualités/traits de caractère aimerais-tu développer ou préserver?** (Tu peux les inscrire dans l'Annexe A.)

**Q.4a   Maintenant, reporte les 5 à 8 plus importantes pour toi dans la colonne 2 de l'Annexe B.**

**Question boni - Ce que l'on voit chez l'autre**

**Q.5 Réfléchis à des qualités que tu admires chez d'autres ou qui t'impressionnent.** Note-les à l'Annexe A et indique comment tu te sens quand tu penses à ces qualités. Crois-tu avoir ces qualités?

Chauffeur ou passager?

(Inscris un **oui** ou un **non** à côté de chacune des qualités.)

Interprétation de tes « **oui** » : Dis-moi, sais-tu pourquoi un nomade du désert ne peut pas vraiment saisir ce que c'est que de marcher sur la neige quand il fait -30 Celsius? Parce qu'il n'en a pas fait l'expérience. Si tu n'estimes pas avoir en toi ces qualités que tu admires chez d'autres, j'ai des petites nouvelles pour toi. Tu les as toutes en toi, car on ne peut pas reconnaître ce dont on n'a pas fait l'expérience. Elles sont là, leur potentiel est là. Rentre-toi ça dans la tête, et n'oublie JAMAIS ça.

Tu peux ajouter certains de tes « **oui** » dans tes réponses à la colonne 2 de l'Annexe B.

**Faut trouver ton GPS!**

C'est une grosse étape. C'est bien beau déterminer qui on veut être, mais en dessous de tout ça, il y a les **valeurs profondes** qui nous habitent, celles qui sont le fruit de notre conditionnement. Actuellement, c'est un peu comme un GPS qui sort de la boîte. Il a sa programmation, mais rien n'est mis à TA main.

Il faut savoir que ces valeurs « inconscientes » influencent énormément notre savoir-être. Ça peut paraître superflu de cerner nos valeurs, mais ça ne l'est pas. Il faut tout regarder afin de voir si certaines valeurs ne seraient pas en contradiction avec la

## Quel genre de char veux-tu?

personne que nous voulons devenir et la vie que nous voulons mener. C'est vraiment quelque chose qui change la donne. J'en reparlerai au fil du livre. Tu verras comment tout est interconnecté (ça a l'air plus compliqué que ça l'est en réalité).

Voici une liste non exhaustive de valeurs. Tu peux en ajouter si tu veux. Assure-toi toutefois de rester honnête avec toi-même. Si tu travailles au noir et que tu n'as pas l'intention de changer, alors ne choisis pas l'honnêteté comme valeur, car tu ne l'habites pas. Ça ne fait pas de toi un tueur d'enfants, juste quelqu'un qui n'a pas cette valeur. Et ne viens pas me dire que tu es « juste » malhonnête dans ce domaine puisque le reste du temps tu es honnête. Pour reprendre mon exemple de tueur, je dirais qu'un tueur ne passe pas toute sa journée à tuer non plus, mais c'est un tueur pareil. Je te dis ça avec une telle candeur, car je crois qu'une fois qu'on met de la lumière sur nos côtés plus obscurs autant que sur nos côtés plus lumineux, ils deviennent soudainement moins effrayants et on peut en faire ce que l'on veut. N'aie pas peur de cerner les valeurs qui t'ont été directement ou indirectement inculquées. C'est en les regardant droit dans les yeux que tu pourras CHOISIR celles que tu veux dorénavant incarner. Pas besoin des valeurs préalablement programmées, à moins qu'elles fassent ton affaire.

Si tu ne veux pas être totalement honnête avec toi-même, ferme ce livre et retourne à ta vie. Tu perds ton temps ici. Mais si tu veux te prêter à cet exercice,

## Chauffeur ou passager?

tu vas récolter beaucoup. Et sache que si tu refais l'exercice dans un, trois ou dix ans, tu vas découvrir de nouvelles valeurs en toi. Certaines t'auront quitté et d'autres auront fait leur apparition. La vie, c'est une évolution constante. Par chance!

**Exercice sur les valeurs personnelles**

- Dans la liste suivante, <u>souligne</u> toutes les valeurs que tu incarnes **actuellement** POUR VRAI dans ta vie (PAS celles que tu devrais ou voudrais incarner). Tu peux en ajouter, à ta guise, selon ta vérité. Ce sont les valeurs qui t'ont été inculquées. Pour les découvrir, complète la phrase : ***Jusqu'à présent, je me suis efforcé d'être...***

- Ensuite, <u>encercle</u> toutes les valeurs que tu **AIMERAIS** incarner (que tu les aies déjà ou non). Pour les cerner, complète la phrase : ***Je veux être...*** ou ***Pour moi, il est important d'être...***

- Conserve les sept ou huit valeurs les plus importantes pour toi et que tu veux vraiment incarner.

**Q.6 Inscris dans l'Annexe B, sous la colonne 3, les sept ou huit valeurs qui ont le plus d'importance pour toi.**

Quel genre de char veux-tu ?

| | | |
|---|---|---|
| Accueillant | Discret | Patient |
| Affectueux | Drôle | Passionné |
| Aidant | Dynamique | Persévérant |
| Aimant | Enthousiaste | Poli |
| Audacieux | Ferme/sévère | Ponctuel |
| Authentique | Fiable | Prudent |
| Bienveillant | Fidèle | Pudique |
| Bon | Franc | Religieux |
| Brave | Généreux | Respectueux |
| Calme | Gentil | Responsable |
| Chaleureux | Honnête | Rigoureux |
| Charitable | Humain | Sage |
| Charmant | Humble | Sensible |
| Cohérent | Indépendant | Sérieux |
| Collaboratif | Indulgent | Serviable |
| Compatissant | Intègre | Simple |
| Compétitif | Intelligent | Sincère |
| Confiant | Joyeux | Souple |
| Conscient/ | Lucide | Spirituel |
| éveillé | Minutieux | Spontané |
| Créatif | Modeste | Stable |
| Courageux | Optimiste/ | Tenace |
| Débrouillard/ | positif | Tolérant |
| autonome | Organisé | Véridique |
| Dévoué | Original | |
| Diplomate | Pacifique | |

Est-ce que cet exercice t'a semblé redondant? Il y a une raison pour ça.

Dans le premier exercice, tu as cerné des qualités qui font partie de ton conditionnement. Elles sont aussi basées sur des perceptions de toi-même.

## Chauffeur ou passager?

Dans le deuxième exercice, tu disposais d'une liste plus étoffée de valeurs ou qualités que tu pourrais ou voudrais incarner.

Si tu regardes les deux premières colonnes de l'Annexe B, tu dois sûrement voir des éléments qui se retrouvent aux deux endroits ou qui se ressemblent. Tu gardes ce qui te convient. Sache, toutefois, que tu peux toujours changer d'avis en cours de route. La vie n'est-elle pas une série de changements? N'oublie pas que la colonne 2 représente qui tu veux devenir et la colonne 3, tes valeurs personnelles. Assure-toi d'être en accord avec tous les éléments qui y figurent.

**Un petit coup d'œil dans le rétroviseur**

Tu as fait un petit tour de ta vie intérieure.

Tu as vu qui tu es selon ton conditionnement.

Tu as cerné quel type de personne tu veux devenir.

Tu as défini les valeurs et qualités que tu veux incarner.

Quand tu regardes les deux derniers éléments, assure-toi que toutes les réponses t'allument, te font vibrer. Si ce n'est pas le cas, il se peut que l'opinion des autres ou de la société se soit glissée dans l'exercice. Il faut que tu regardes cette esquisse de la personne que tu vas devenir et que tu ressentes de la

Quel genre de char veux-tu?

joie, de l'excitation, et même peut-être un peu la frousse!

Maintenant, on va aller voir comment tu vas créer ta vie extérieure. On va mettre un peu d'ordre pour retrouver le volant et personnaliser ton GPS de vie. Tu vas bientôt être en voiture!

# CHAPITRE 6
## OÙ VEUX-TU ALLER AVEC TA BAGNOLE?

**Étape 2**

*Il faut savoir ce que l'on veut. Quand on le sait, il faut avoir le courage* **DE LE DIRE**. *Quand on le dit, il faut avoir le courage de le faire.*
- Georges Clemenceau

Si je te dis que pour arriver quelque part dans la vie, faut savoir où on veut aller, tu ne tomberas pas sur le dos, n'est-ce pas?

Beaucoup de gens conseillent aux autres de lâcher les livres, les conférences, les vidéos, etc. et de se mettre en action. Je suis d'accord, mais une action *nowhere*, ça mène justement là, *nowhere*, nulle part.

Mettons que tu veux voyager, car c'est ton rêve et tu as décidé d'agir et que tu es rendu à l'aéroport. Cependant, tu n'as pas de billet, car tu n'avais pas déterminé dans quel pays tu voulais aller. C'est con comme la lune, non? Pourtant, c'est ce qu'on fait la plupart du temps avec nous-même. On avance sans savoir où on veut aller.

Si t'embarques dans ton char, que tu le démarres, mais que tu n'as aucune idée où tu vas, tu vas juste

## Chauffeur ou passager?

gaspiller de l'essence, c'est clair. Et du temps. Beaucoup de temps.

Je pense que t'as compris ce que je veux dire, non?

Changeons d'image pour un instant. Tu sais, c'est beau vivre au gré du vent, mais si tu veux naviguer et te rendre quelque part, il va te falloir un putain de bateau, une carte et des efforts.

Et ça commence par une réflexion et de petits exercices.

Comment veux-tu vivre ta vie? As-tu des objectifs? Qu'aimerais-tu avoir dans ta vie? Qu'est-ce qui te procurerait le plus de satisfaction et ferait battre ton coeur?

Veux-tu un partenaire de vie? Une famille? Une vie de célibataire? T'afficher ouvertement comme membre de la communauté LGBT (ou autre)? Voyager dans le monde entier? Une business*? Un travail qui te fait tripper, peu importe le salaire? De nouveaux passe-temps? Veux-tu faire du bénévolat ou travailler pour une cause? Veux-tu apprendre le piano ou encore le djembé?

La plupart des gens répondront qu'ils veulent une vie amoureuse nourrissante, une bonne voiture, deux ou trois enfants, une belle maison, de l'argent, un fonds de pension et être juste heureux.

Ça, c'est comme dire : Je veux aller à l'étranger, quelque part, avec quelqu'un, sans savoir combien ça

## Où veux-tu aller avec ta bagnole?

coûte et en espérant que l'hôtel ne sera pas dans un ghetto. N'importe quoi. Ça va prendre un peu plus de chair autour de l'os, mon ami!

L'idée ici, c'est d'aller au plus profond de toi pour trouver les réponses.

Que veux-tu TOI? Pas ce que les gens de ton entourage veulent pour toi – aussi bien intentionnés soient-ils – mais TOI. Sois honnête avec toi-même. Tu n'en veux pas d'enfants? C'est ok! Ta famille ne comprendrait pas? Tant pis! Tu ne veux pas étudier en médecine même si ça fait 20 ans que tu entends tes parents en parler avec leurs amis? Tiens-toi debout, c'est TA vie! Tu trippes dans ton équipe de basketball, mais tu en as marre de cacher ton homosexualité? Hello!!! C'est TON orientation sexuelle et tu n'as pas à te cacher si tu ne le veux pas. Et tu as le droit aussi de ne pas vouloir t'afficher si c'est ce que TU veux. T'as pas d'excuses à donner à quiconque. Ton bonheur et ton avenir en dépendent. Tu sais, tu peux laisser les autres te dicter ta vie ou tu peux la vivre à ta façon, ton choix.

Comment faire pour découvrir toutes ces aspirations cachées en toi?

Je vais te faire faire une série de petits exercices. J'ai mis une durée minimale parce que je veux que tu écrives TOUT CE QUI VA TE PASSER PAR LA TÊTE pendant au moins le temps prescrit. Tu ne dois PAS

## Chauffeur ou passager?

ARRÊTER D'ÉCRIRE pendant ce temps. Tu peux réécrire ce que tu as déjà écrit, tu peux écrire un titre de chanson, tu peux même faire des gribouillis. Il faut juste que tu gardes le flot créatif pendant ce temps. Si tu es inspiré au-delà du réel, tu peux dépasser le temps. Au début, tu vas trouver ça étrange, mais une fois que ton hémisphère gauche arrêtera de vouloir donner LA bonne réponse, tu vas voir que les idées vont venir grâce à l'hémisphère droit.

**Vers l'infini et plus loin encore! (Je cite Buzz Lightyear)**

**Q.7    Rêve comme jamais! – 15 minutes minimum (Annexe C)**

Dans cet exercice, tu vas être audacieux et ambitieux. La seule condition, c'est que chaque aspiration ou rêve soit quelque chose qui t'allumerait sans bon sens si tu l'entreprenais. Je ne te demande pas si c'est faisable ou possible. Si tu avais une baguette magique et qu'on t'assurait la réussite, que voudrais-tu vivre? Imagine comment tu voudrais que ta vie soit. Certains pourraient dire que c'est une perte de temps, que c'est de l'utopie cet exercice, mais fais-moi confiance, il y a du sens dans ce que je te demande.

**Freestyle*** : Commence par sortir les premières idées qui te viennent. Laisse libre cours à ton esprit, n'essaie pas d'être cohérent, logique, organisé. Tu réchauffes le moteur.

Où veux-tu aller avec ta bagnole?

**Structure** : Une fois le moteur réchauffé, tu peux continuer de creuser en ajoutant une certaine structure. Tu peux classer tes idées sous différents grands volets, comme la carrière, les relations personnelles, la santé, les loisirs, les finances, l'éducation, la famille, la spiritualité, l'apparence physique, etc. Mets des catégories qui te parlent et écris TOUT ce qui te passe par la tête et qui te fait sourire et vibrer, peu importe la probabilité de réalisation.

Ne réalise pas les rêves des autres. Réalise les tiens!

### Q.7a  Le tri – 10 minutes minimum (Annexe D)

Avant de faire intervenir les autres parties de ton cerveau, on va aller consulter ton hémisphère gauche (la raison).

- Tu vas maintenant prendre tout ce que tu as écrit à l'exercice 7 ci-dessus et tu vas classer tes réponses selon les trois catégories suivantes, sous chaque volet (p. ex. Carrière, Finances, etc.).
    - o  Tu rêves!
    - o  Ouais, c'est faisable, mais ça ne sera pas facile!
    - o  J'peux faire ça

Chauffeur ou passager?

Par exemple, si sous la catégorie Carrière, tu as écrit « être président des États-Unis », mais que tu as 58 ans, que tu n'es pas citoyen américain et que tu as gagné ta vie en étant un clown dans un cirque, je classerais ça sous « Tu rêves! »

Pourquoi donc diantre? C'est pas tant le fait que tu aies été un clown, car quand on regarde ce que les Américains ont parfois mis au pouvoir, je ne verrais pas le problème... mais c'est le fait que tu ne peux pas être président des USA si tu n'es pas né là-bas. Si tu avais 15 ans, je te dirais que c'est possible, bien qu'improbable, que cette loi change pendant ton existence, mais à 58 ans, tu perds ton temps. C'est mon humble avis.

**Q.7b Le possible dans imPOSSIBLE – 5-10 minutes par volet** (Annexe D)

J'aimerais prendre une minute pour te féliciter si tu as eu au moins un élément « Tu rêves! », car cela veut dire que tu as fait l'exercice l'esprit ouvert. Si tu n'as aucun élément tu rêves, retournes-y et rêve un peu. Et si toutes tes réponses ou presque étaient « Tu rêves! », il faudrait peut-être faire un petit séjour sur terre de temps à autre.

- Maintenant, tu vas prendre les éléments dans la colonne « Tu rêves! », et tu vas regarder s'il n'est pas possible de ramener ce rêve à un

Où veux-tu aller avec ta bagnole?

projet ambitieux, mais réalisable et - surtout – qui t'allume. Je t'explique.

Supposons qu'un de mes rêves a été de jouer au basketball dans une équipe pro. Cependant, la réalité c'est qu'aujourd'hui j'ai 51 ans, que je ne suis pas en forme et que je mesure 5'2" (1m57). *Not basketball material*, comme disent les anglophones, à moins qu'il y ait une ligue où des femmes d'âge mûr sans talent jouent et se font payer pour faire rire d'elles. Je n'en ai pas trouvé et même si j'en avais trouvée, désolée, c'est pas mon truc.

Est-ce que le basketball me passionne vraiment? Si oui, que pourrais-je faire pour me RAPPROCHER de mon rêve tout en continuant de vibrer? Par exemple, je pourrais peut-être décider de devenir coach pour une équipe semi-pro? Oui, si j'ai déjà de l'expérience à un niveau compétitif au moins. Mais si je n'ai aucune expérience ou possibilité d'en acquérir rapidement (n'oublions pas que j'ai 51 ans), ça reste dans la catégorie « Tu rêves! ».

Pourrais-je alors me proposer comme coach d'une équipe de basketball amateur ou d'une école? Est-ce que ça me fait tripper encore cette idée? Si oui, on a un objectif bien en vue. Si non, on biffe, c'est tout.

Quand une passion nous tient vraiment, on ne peut s'empêcher de rester proche d'elle sous une forme ou une autre. Il y en a qui se plaignent de ne pas avoir réussi leur rêve d'être musicien, mais ça fait dix ans qu'ils ne jouent plus de leur instrument. Faut lâcher prise dans ce temps-là et arrêter d'être nostalgique, car de toute évidence la passion s'est éteinte ou bien elle n'avait jamais été une véritable passion.

- Tu reclasses ensuite chaque rêve devenu possible dans la catégorie « Ouais, c'est faisable, mais ça ne sera pas facile! » ou « J'peux faire ça », selon le niveau de défi que ça semble poser.

Tu as maintenant une meilleure idée de ce que tu pourrais réaliser. On avance!

**Q.7c  S'écouter vraiment – quelques minutes par élément** (Annexes D et E)

On est enfin rendu dans l'œil du cyclone. C'est ici que tu vas sortir de ta tête et faire intervenir les autres parties de ton cerveau (en théorie, on a l'accord de ton hémisphère gauche grâce à l'exercice précédent). Oui M'sieur, oui M'dame!

Pour chaque élément dans ta liste de possibles, tu vas faire ceci :

- Regarde attentivement et calmement chaque élément.

- Imagine-toi en train de vivre ce rêve.

- Écoute-toi. Comment te sens-tu en imaginant ça? Est-ce que ça te fait tripper? As-tu des papillons dans le ventre et le sourire aux

Où veux-tu aller avec ta bagnole?

lèvres? Te sens-tu serein et accompli? Te sens-tu bouger, en pleine action? Peux-tu même invoquer des odeurs et des sensations? Ou est-ce que tu sens une contrainte ou un désagrément quelconque? Est-ce que ça te contrarie d'une quelconque façon? Est-ce que le chemin vers ce rêve t'éteint?

- Dans l'Annexe D, biffe tous les éléments qui ne t'allument pas.

- **Inscris dans l'Annexe E tous les projets/aspirations que tu souhaites conserver.**

- Sur la même feuille, note quels seront les **avantages** pour toi si tu réalises chaque projet. (Voir l'exemple à la fin du chapitre.)

**Un petit mot sur la peur...**

Il est fort probable que certains éléments te fassent peur, car leur réalisation exige que tu sortes beaucoup de ta zone de confort ou que tu fasses appel à des compétences que tu n'as jamais sciemment exploitées. Ce n'est pas une raison pour biffer l'élément. Quand cette peur te prend, pose-toi la question suivante : si on me garantissait la réussite, est-ce que ce rêve ou ce projet m'allumerait? Si oui, tu le gardes. Je te reparlerai de la peur plus loin.

## Q.7d L'heure des choix – 15 minutes (Annexe B)

Il te reste maintenant à prioriser tes projets/aspirations.

- Tu dois classer tes projets par ordre d'importance et les transcrire sous la colonne 4 de l'Annexe B.

Pourquoi? Parce que tu **ne peux pas t'attaquer à tout en même temps.** Il faut prioriser. Si une de tes priorités touche ta carrière, tu pourrais vouloir y consacrer beaucoup d'efforts, quitte à en mettre moins ailleurs, mais attention! La vie est une question d'équilibre.

Ne mets pas tous tes œufs dans le même panier. Il importe de choisir de réaliser des rêves dans chacun de tes volets (amour, finances, carrière, famille, santé, etc.) sans toutefois te surcharger. L'équilibre est un des principes d'une vie épanouie. S'investir dans un seul domaine entraînera un déséquilibre majeur.

Tu sais, la vie étant parfois pas mal surprenante, il se peut qu'en cours de chemin, un de tes rêves te « tombe » dessus (genre, le partenaire que tu voulais avoir plus tard) et que tu doives revoir si ça te convient de le réaliser maintenant ou non.

Ce n'est pas parce que tu auras cerné tes aspirations que tout va rester tel quel, immuable. Non. Parfois,

Où veux-tu aller avec ta bagnole?

nos priorités changent, car la vie change, on change et nos rêves changent aussi. Il faut juste rester à l'écoute de soi et refaire le point périodiquement, un peu comme lorsqu'on suit son budget : ne pas attendre d'être dans le rouge pour agir. En fin de compte, ce que tu dois toujours garder en tête c'est TOI et TES aspirations.

**Ne tombe pas dans le piège des détails.** Laisse de la place à la vie pour te surprendre. En allant dans les détails fins, tu risques de te limiter et de manquer des occasions qui pourraient te combler au-delà de tes espérances.

Si tu veux être directeur d'une agence de communication, est-il VRAIMENT nécessaire que tu en cibles une en particulier? Et si tu laissais ça ouvert un peu? Peut-être qu'une occasion d'enfer se pointerait sur ton chemin et que tu finirais par être cent fois plus heureux que tu ne l'aurais jamais imaginé? Il faut toujours rester ouvert aux possibilités insoupçonnées.

Tout ça, ce sont tes repères, la direction vers laquelle tu choisis de marcher. Le reste est à découvrir, sinon de quel ennui serait la vie!!!!

**Savoir se sentir reconnaissant**

Si tu concrétises tous tes projets, es-tu d'accord avec moi pour dire que tu auras un sentiment énorme de

Chauffeur ou passager?

RECONNAISSANCE ou de GRATITUDE envers la vie (et envers toi-même aussi pour avoir osé)?

Sache qu'en tout temps, tu dois te sentir reconnaissant. À la base tu es en vie. Pour chaque pas ou geste que tu fais dans la direction de TES aspirations, tu dois être reconnaissant et te donner une bonne tape dans le dos (ne l'attends pas nécessairement des autres). La reconnaissance ou gratitude est un sentiment puissant au niveau du cerveau. Ton cerveau aime ce genre de *high\**. C'est un peu comme lorsque tu dresses un chien. Si tu le récompenses et lui donnes un câlin quand il agit bien, il voudra le faire plus souvent.

Grâce au travail que tu viens d'accomplir, tu as une bonne idée de tes aspirations. Il faut maintenant que tu cernes tes valeurs de vie. C'est quoi ça? Tu verras au prochain chapitre. Ne le saute pas, c'est primordial! Tu te rappelles qu'il ne faut pas qu'une des parties du cerveau soit contre ton projet? Eh bien, si ton projet contrevient à une de tes valeurs de vie, tu viendras diminuer grandement tes chances de réussite.

Tu trouveras à l'Annexe E un gabarit pour y inscrire tes réponses à l'exercice Q.7c. Voici un exemple, sous forme télégraphique.

Où veux-tu aller avec ta bagnole?

**Exemple de réponses**

VOLET :

**Santé physique**

- Avoir un corps en forme
- M'alimenter sainement

AVANTAGES :

- Disparition des douleurs corporelles chroniques
- M'adonner à une plus grande variété de sports
- Capable de suivre les autres lors de sorties sportives
- Favorise ma santé
- Me sentir bien dans mon corps
- Plus résistante à la maladie

VOLET :

**Carrière**

- Avoir un travail qui me passionne, qui fait appel à ma créativité, qui me permet d'être libre, de vivre dans l'abondance et d'être au service des autres.

Chauffeur ou passager?

AVANTAGES :

- Me sentir libre
- Être enthousiaste
- Satisfaction incroyable (on me paie pour faire ce que j'aime!)

VOLET :

**Relations personnelles**

- Avoir des relations harmonieuses et aimantes avec mon entourage
- Relation harmonieuse et aimante avec mes enfants
- Relation harmonieuse, passionnée, empreinte de complicité et aimante avec mon mari (si j'étais à la recherche d'un partenaire, j'écrirais ici les qualités que j'aimerais qu'il ait)
- Amitiés qui me sont bénéfiques
- Relations (amis ou famille) qui me tirent vers le haut

AVANTAGES :

- Sérénité émotionnelle

Où veux-tu aller avec ta bagnole?

- Me sentir nourrie par ces relations
- Ressentir beaucoup de joie

VOLET :

**Finances**

- Gérer efficacement et intelligemment mes finances
- Ne pas avoir de dettes inutiles

AVANTAGES :

- Avoir le contrôle sur mes finances
- Ne plus avoir besoin de m'endetter
- Être fière de moi
- Ne pas craindre les imprévus
- Être en mesure d'être plus généreuse envers ceux qui en ont besoin

VOLET :

**Loisirs**

- Pratiquer des activités qui m'amusent
- Voyager plusieurs fois par année dans le monde seule, en couple et en famille

Chauffeur ou passager?

- Suivre des cours dans le domaine des arts visuels
- Assister à des conférences et des ateliers inspirants

<u>AVANTAGES</u> :

- Découvrir d'autres paysages et surtout d'autres cultures
- Mieux comprendre le monde qui m'entoure et pouvoir apprécier toute la richesse humaine

# CHAPITRE 7
# OÙ VEUX-TU ALLER AVEC TA BAGNOLE? LA SUITE

**Étape 2**

*Il faut savoir ce que l'on veut. Quand on le sait, il faut avoir le courage **DE LE DIRE**. Quand on le dit, il faut avoir le courage de le faire.*

- Georges Clemenceau

Je vais te demander de cerner les valeurs qui gouvernent ta vie, celles avec lesquelles tu es totalement en accord et en cohérence.

**Tes valeurs de vie**

Tu te rappelles d'avoir déterminé, dans le chapitre *Quel genre de char veux-tu?*, tes valeurs en tant que personne, c'est-à-dire les qualités que tu veux incarner? Tu as ainsi défini qui tu veux devenir. Ensuite, au chapitre suivant, tu as défini ce que tu voulais de ta vie, ce qui te ferait vibrer. Et, à la fin de ce chapitre, je t'ai bien spécifié qu'il était primordial qu'il n'y ait pas d'incohérence entre tes projets et tes valeurs de vie.

## Chauffeur ou passager?

Peut-être te demandes-tu pourquoi j'appelle ça des valeurs de vie et pourquoi on fait ENCORE un autre exercice sur les valeurs. C'est simple. **Tes valeurs personnelles sont le reflet de la façon dont tu choisis de te définir.** Par exemple, je choisis d'être quelqu'un de généreux, patient et déterminé. Ces valeurs vont me guider dans ma façon d'être.

**Les valeurs de vie sont les balises qui vont te guider pour prendre des décisions sur ce que tu veux dans la vie.** Si j'ai choisi la liberté, le courage et le plaisir, chaque fois que je vais avoir une décision à prendre, je vais devoir évaluer si la décision finale est susceptible de me rapprocher ou non d'une vie où je suis libre, où je fais preuve de courage et où j'ai du plaisir.

Une fois que tu as tes valeurs personnelles et tes valeurs de vie, tu les appliques dans tes décisions. Si on reprend les valeurs déjà mentionnées, je vais me demander si ce que je suis sur le point de faire me rapproche AUSSI de la personne que je veux être, c'est-à-dire généreuse, patiente et déterminée. En général, elles vont s'imbriquer les unes dans les autres, mais si jamais ces valeurs se contredisent, il faut réévaluer la situation.

**Exemples :**

Supposons qu'on te propose un travail où tes valeurs de vie sont satisfaites, mais que c'est un travail qui te demande d'être en extrême concurrence, il se peut que cela confronte ton besoin d'être généreux. C'est alors que tu dois faire un choix.

Ou supposons qu'un de tes objectifs est d'être premier ministre du Canada. Tu n'es pas sans savoir que tu vas devoir investir énormément de temps. Tes semaines ne seront pas de 35 heures. Quand tu as pensé à ce rêve, tu étais emballé. Super. Toutefois, si une de tes valeurs de vie est la liberté, peut-être que ton rêve de devenir premier ministre n'est pas compatible avec cette valeur, du moins pas dans la réalité actuelle de la fonction de premier ministre. Peut-être pourrais-tu changer cela une fois en poste, mais bon... Et sache que si tu nies une valeur qui t'importe vraiment pour que « ton affaire marche », ça va te rattraper un jour où l'autre. Si tu le sais, au moins tu en prends la responsabilité.

### Q.8  Ton GPS de vie

Dans cet exercice, tu dois cerner les cinq à sept valeurs de vie les plus importantes pour toi. Oui, elles sont toutes bonnes et souhaitables, mais garde celles qui t'inspirent le plus. Par exemple, si tu prends la liberté, il se peut que pour quelqu'un d'autre, cela soit secondaire, alors que l'absence de liberté te tue, toi. Pour choisir tes valeurs, pose-toi la question : « Dans toute situation, qu'est-ce qui doit être là pour moi pour que je me sente vraiment bien? »

Chauffeur ou passager?

Je me répète : il n'y a pas de bonne ou de mauvaise réponse. Il n'y a que tes réponses à toi.

1. Encercle les valeurs qui te parlent le plus et que tu veux absolument avoir dans ta vie.
2. Choisis ensuite les cinq à sept plus importantes pour toi.
3. Mets-les en ordre de priorité.
4. Inscris-les dans la colonne 5 de l'Annexe B.

Abondance
Affection
Altruisme
Amitié
Amour
Appartenance
Authenticité
Autorité
Aventure
Autonomie
Beauté
Bonheur
Bonté
Calme
Changement
Collaboration
Compassion
Compétence
Confiance
Connexion
Contribution
Courage
Créativité
Curiosité

Discipline
Éducation
Entraide
Équité/égalité
Famille
Fidélité
Foi
Générosité
Gentillesse
Honnêteté
Hiérarchie
Honneur
Humanisme
Humour
Innovation
Intégrité
Justice
Liberté
Loyauté
Ordre
Optimisme
Ouverture d'esprit
Paix

Partage
Passion
Plaisir
Popularité
Prise de risque
Productivité
Reconnaissance
Réputation
Respect
Responsabilité
Santé
Sens
Sécurité
Simplicité
Solidarité
Souplesse
Spiritualité
Spontanéité
Tolérance
Tradition
Transparence
Vérité

Où veux-tu aller avec ta bagnole? La suite

## Q.8b Rééquilibrage des roues

Maintenant que tu as en main tes valeurs personnelles et tes valeurs de vie (colonnes 3 et 5 à l'Annexe B), tu dois revoir une dernière fois tes objectifs (colonne 4 à l'Annexe B) pour t'assurer que tout est cohérent en toi. Est-ce que certains objectifs ne concordent pas avec certaines valeurs? À toi de faire la réflexion sur la pertinence de la valeur OU de l'objectif. Rajuste l'Annexe B en conséquence.

## Q.8c Exercice d'actualisation – Regarder vers l'arrière

Ici, on va faire travailler les quatre zones du cerveau.

Imagine que tu as 95 ans. Depuis ta prise de conscience (date d'aujourd'hui), ta vie a été pleine de sens, à la hauteur de tes aspirations. Tout n'a pas été sans défis, mais c'est tout ça qui a rendu ta vie si intéressante.

Tu te sens plein de gratitude et même d'émerveillement. Tu es assis, détendu, dans un bistro en train de siroter ta boisson préférée et la personne qui t'accompagne te pose la question suivante : « *Qu'est-ce qui t'a rendu si heureux et épanoui dans ta vie, et pourquoi?* »

Prends une feuille et un crayon et réponds par écrit. Tu vas raconter la vie que tu as menée, celle que tu

## Chauffeur ou passager?

avais souhaitée et qui s'est réalisée, car tu as eu le courage de prendre le volant de ta vie à l'âge de (« ton âge aujourd'hui »).

En écrivant cette réponse, tu vas pouvoir chercher profondément en toi pour y découvrir ce qui a le potentiel de te rendre vraiment heureux. Il importe peu que les choses se réalisent exactement telles quelles dans l'avenir (n'oublie pas, on laisse de la place pour que la vie nous surprenne!). Évidemment, il y a des choses qui ne sont pas de ton ressort (p. ex. devenir grand-mère... t'as beau vouloir, si tes enfants n'en veulent pas de mômes, ben...), mais tu peux les mettre aussi dans ton récit.

Dans cet exercice, tu reprends tout ce que tu as noté dans ton Annexe B et tu mets de la chair, des émotions, des couleurs, du mouvement!

Ne te censure pas et ne te limite pas dans ce récit. Si ça peut t'aider à lâcher prise un moment, imagine que tu as une baguette magique et que tout ce que tu as entrepris a été une réussite.

Peut-être que tu découvriras que d'avoir la plus grosse Rolex ne t'aurait rien apporté ou peut-être qu'au contraire, cela aurait été un des éléments les plus marquants pour toi (car elle était associée à un prix prestigieux que tu voulais remporter, par exemple). On s'en fout du jugement ici. On parle de TOI, TOI, TOI.

Où veux-tu aller avec ta bagnole ? La suite

Ce récit est ta vie que tu auras créée grâce à des choix éclairés effectués par la personne que tu veux devenir, basés sur tes valeurs. Savoure!

Garde ce récit précieusement.

**P.-S.** Si tu penses que j'ai des lunettes roses collées sur les yeux, détrompe-toi. Si tu as fait les exercices, tes réponses ne sont pas des vœux pieux, mais bien des objectifs clairs et cohérents à atteindre. Tout ça ne te garantit pas que tes décisions seront toutes parfaites et que toute ta vie se déroulera comme si tu gambadais dans un pré de marguerites (encore faut-il aimer les marguerites, m'enfin, c'est un autre propos), mais au moins tes décisions seront lucides et tu en seras pleinement responsable.

# CHAPITRE 8
# DANS QUEL ÉTAT EST TON TACOT?

**Étape 3**

Tu as actuellement une batince* de bonne idée de qui tu veux être et du genre de vie que tu veux vivre. Avant de passer à l'action, à la concrétisation de tout ça, il reste une toute petite étape, mais non la moindre. Celle du bilan.

Dans les derniers exercices, tu as établi ce qui t'importait le plus. Maintenant, tu vas prendre conscience des écarts entre ta personne et ta vie actuelle et tes aspirations.

Ça va te prendre TROIS stylos ou crayons, de préférence un jaune, un vert et un rouge.

Reprends l'Annexe B.

**Q.9 – Évaluation des écarts**

Pour chaque élément, tu vas évaluer l'ampleur de l'écart entre la réalité actuelle et ce que tu souhaites atteindre. Tu vas encercler chaque objectif dans ton tableau selon l'échelle de couleur suivante : Vert –

Chauffeur ou passager?

l'écart est petit; Jaune – l'écart est moyen; Rouge – l'écart est grand.

**Exemples :**

Qui je veux être (colonne 2) – Généreuse. Tu estimes être ok de ce côté (tu l'as d'ailleurs dans tes « qualités », mais tu sais pertinemment que parfois ça t'arrache la gueule de dire merci ou tes doigts crampent quand vient le temps de donner de l'argent à quelqu'un). On va mettre ça **JAUNE**.

Mes objectifs (colonne 4) – Avoir une entreprise très rentable en informatique. Tu es déjà à ton compte, ça roule super bien, mais tu sais que pour augmenter tes revenus, ça va te prendre des employés et du marketing. **VERT, sauf que…**Tu n'es pas particulièrement doué avec les gens actuellement et ça ne fait pas partie de tes objectifs en termes de valeurs personnelles (sociabilité). Il faudrait alors peut-être coter ton objectif **JAUNE** puisque ça ne se fera pas nécessairement sans difficulté (gérer des employés par un type introverti au max).

Mes valeurs de vie (colonne 5) – Simplicité. Tu veux que ta vie soit la plus simple possible pour te donner un peu d'espace pour respirer. Cependant, TOUT dans ta vie est compliqué, que ce soit ta relation avec ton ex, en passant par les contrats avec les clients et ta relation avec tes adolescents. C'est loin d'être impossible d'amener de la simplicité, mais on va

Dans quel état est ton tacot?

s'entendre pour dire que tu pars de loin. On va mettre ça en **ROUGE**.

En passant, sache que plus l'écart est grand, plus grandes seront ta fierté et ta satisfaction à atteindre ton objectif. Donc, pas de découragement!

En établissant les écarts entre la réalité et tes aspirations, ça va te permettre aussi de voir où tu devras probablement mettre plus d'efforts, et tu pourras aussi faire des liens entre divers buts et ainsi en réaliser peut-être plusieurs en même temps. Tu vas assurément aussi vouloir prioriser de nouveau tes objectifs en fonction de tes désirs profonds et les efforts à déployer.

Cet exercice peut paraître banal, mais il permet de s'arrêter pour regarder chaque arbre et reculer pour voir toute la forêt. TA forêt.

Est-ce que tes choix sont tous pertinents après cet exercice? Si oui, parfait. Tu vibres encore même si tu as sûrement un peu la chienne. Good. Si non, enlève ce qui est superflu. Tu pourras toujours réaliser ça plus tard. Pour le moment, ce que l'on cherche, c'est de te mettre sur TA route et te faire avancer vers la vie que tu souhaites. Il ne faut pas trop en mettre dans ton assiette, sinon tu vas abandonner. Il n'est jamais trop tard pour en rajouter, mais pour le moment, on va se garder une petite gêne, ok?

Après cet exercice, on passe à l'action! *Ladies* and gentlemen, start your engines!* Woo hoooo!

# CHAPITRE 9
# DÉMARRE!

**Étape 4**

*Il faut savoir ce que l'on veut. Quand on le sait, il faut avoir le courage de le dire. Quand on le dit, il faut avoir le courage **DE LE FAIRE**.*

- Georges Clemenceau

Alors, tu as suivi le processus jusqu'à présent? Tu as PRIS LE TEMPS de faire ta réflexion et de coucher sur papier ton travail? Si oui, super, on continue!

Si non, laisse-moi te partager un petit mot de sagesse.

**AVERTISSEMENT** : Ça ne sert à rien de faire les choses à moitié ni de sauter des étapes. Tu n'iras nulle part et tu auras perdu ton temps. Veux-tu VRAIMENT prendre ta vie en main? Alors, recule, va faire ton travail. Tu ne retireras rien qui vaille de la vie si tu ne prends pas le temps. Rome ne s'est pas bâtie en un jour et Usain Bolt n'est pas devenu multi-récipiendaire de médailles d'or du jour au lendemain non plus. Pour devenir le créateur de ta vie, tu dois prendre ce temps pour mettre les bases. De plus, sache que tu devras faire cette réflexion

Chauffeur ou passager?

régulièrement pour t'assurer d'être toujours en cohérence avec tes aspirations. Donc autant mieux commencer maintenant à faire le travail comme du monde. Si tu ne veux toujours pas faire ça et tu veux poursuivre ta lecture, pas de problème. Libre à toi.

On passe maintenant à l'action, le pied sur la pédale et les mains bien posées sur le volant. Fini la théorie, mes amis!

Maintenant que tu SAIS qui tu veux DEVENIR.

Maintenant que tu SAIS comment tu veux vivre.

Il est temps de mettre un peu d'action dans tout ça pour que tu te lances sur ta route.

Il y a un vieil adage qui dit : La foi sans les œuvres est inutile. Ça veut dire que si tu as fait tout ce travail et que tu ne te mets pas en action, rien ou presque n'arrivera.

Dans ce chapitre ultra-funky, on va regarder ce que ça prend pour se mettre en action, on va regarder quelques outils et pratiques que tu pourrais utiliser pour t'aider à concrétiser tes buts et à avoir du FUN* en même temps! On parlera brièvement de l'attitude qu'il faut pour se propulser et continuer d'avancer quand on est pris dans la marde. Ouais, de la marde il y en aura toujours, ok? La vie est ainsi faite. Ceux qui te disent que tout est beau dans leur vie mentent comme des arracheurs de dents. Il y a toujours des écueils, des emmerdes, des gens qui te feront chier,

## Démarre!

des injustices, etc., mais quand ta vie a un sens, ça fait partie de la *game* et t'assumes. Regarde les sportifs de haut calibre. Ils adorent leur sport, mais tout n'est pas rose non plus! Ça prend des heures de pratique, ils subissent blessure par-dessus blessure et sont critiqués par tous les gérants* d'estrade, mais tu sais quoi? Ils se sentent en vie! Et ils adorent ça. On apprend à se dépasser quand on vit, sinon on ne fait qu'exister et macérer en attendant la mort.

Let's go!

**Planifier ton trajet**

En anglais, il y a une expression qui dit « If you fail to plan, you plan to fail. », ce qui veut dire qu'en ne faisant pas délibérément un plan, tu planifies involontairement ton échec. Bon, c'est pas super beau comme traduction, mais tu comprends l'idée.

C'est bien beau d'avoir toute l'information dont tu disposes maintenant sur la personne que tu veux devenir et la vie que tu veux vivre. Il faut maintenant faire des actions concrètes pour mettre la clé dans le démarreur et prendre la route. Pour le moment, c'est comme si tu as des dépliants sur l'Italie et ton guide du routard, mais pour te rendre en Italie, va falloir que tu fasses plein d'actions avant même d'ouvrir la porte de ta maison pour prendre ton taxi vers l'aéroport. Et toutes ces actions ne se feront pas seules. Il faut planifier ton trajet.

## Chauffeur ou passager?

Je sais que c'est ici que la peur peut s'installer d'aplomb. C'est normal, car tu te mets en branle vers tes rêves, envers et contre tous parfois. Au moment où j'écris ces lignes, j'ai le même sentiment. Chaque fois que je me mets à mon ordinateur pour écrire, j'ai la chienne. C'est trop concret, trop vrai. Tout d'un coup que c'est du gros n'importe quoi? Dans ce temps-là, je tourne la tête, je regarde mes priorités sur mon tableau (on s'en reparle plus loin) ou je vais faire une petite marche, histoire de vider ma tête de pensées négatives. Ou je me mets en boule pour pleurer ma vie (oui, ça arrive ça aussi), puis au bout d'un moment, je me relève, j'enlève le mascara qui me donne un look d'Alice Cooper, puis je replonge.

Aujourd'hui, ce que tu tiens dans tes mains c'est un de mes rêves (pas la tablette, mais bien le contenu, si jamais tu n'as pas le livre papier sur tes genoux). J'y suis arrivée en m'organisant et en planifiant. Ce n'était pas parfait, mais c'était déjà @&#$!* mieux que juste d'en parler! Pour une fille avec un déficit d'attention et 2 000 projets dans la tête, c'est un exploit. Mais je ne l'ai pas volé. Je l'ai planifié...

Souvent, quand on veut organiser quelque chose ou faire un plan, on ne sait pas trop par où commencer et, pire encore, on cherche à trouver les actions PARFAITES. Ça paraît tellement gros parfois qu'on reste paralysé et – souvent – qu'on abandonne le projet.

Démarre!

Pour éviter la paralysie, nous allons faire un exercice de cartographie conceptuelle (*Mind Mapping* en anglais). Cet exercice va t'enlever du stress et va te permettre de voir plein de possibilités d'actions sans chercher L'ACTION PARFAITE. Pour moi, c'est comme du remue-méninges.

**Q.10 Exercice de cartographie conceptuelle – 5 à 10 minutes par priorité**

Tu vas reprendre l'Annexe B.

Pour chacune de tes priorités/projets, tu vas utiliser une nouvelle feuille et faire la démarche suivante.

- Tu vas écrire en haut de la page « **ACTIONS** » (ou un autre titre qui te parle, pourvu que ce soit clair qu'on parle de te lever le derrière et de te mettre en mouvement).

- **Tu vas mettre ta priorité au centre dans un cercle.** Prenons par exemple « Devenir vétérinaire ».

- Ensuite, tu vas te demander ce que tu peux faire pour te rapprocher de ton but.

- Pendant au moins 5 minutes, tu vas écrire autour du cercle TOUTES les idées qui te viennent à l'esprit. **NE CENSURE RIEN.** Tu écris tout, même si c'est farfelu. Tant que tu as des idées, tu écris. Tu peux même réécrire ce que tu as déjà écrit ou dessiner des images,

## Chauffeur ou passager?

peu importe, pourvu que tu ne t'arrêtes pas et que tu donnes le temps à ton hémisphère droit (le côté plus créatif) de se mettre en action. Et ne recherche PAS les idées parfaites, car elles n'existent pas.

Voici un exemple d'une cartographie que j'ai faite pour mon livre (ça se fait pour toutes sortes de projets).

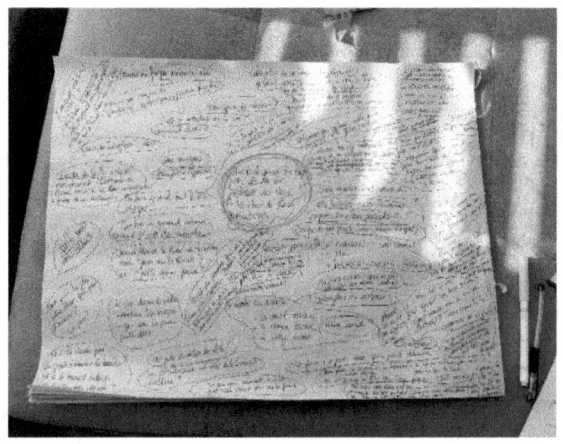

Une fois que tes cartographies sont faites, c'est là que tu mets de l'ordre et que tu injectes du gros bon sens dans tout ça.

- Tu encercles toutes tes idées qui ont du sens pour toi et sur lesquelles tu veux agir.

- Et tu biffes les actions qui ne font aucun sens pour toi. Attention, ne biffe pas celles que tu crains, mais bien celles qui n'ont pas de chance d'apporter quoi que ce soit.

## Démarre!

La cartographie est terminée. On fait quoi avec ça? On continue.

**Q.11 Calendrier des actions**

Pour chaque priorité/projet, prends une nouvelle feuille et fais quatre colonnes avec les titres suivants (ou utilise l'**Annexe F** à la fin du livre) :

**Maintenant**

**D'ici 2-3 mois**

**D'ici 6 mois**

**D'ici 1 an**

- Pour chaque action que tu as retenue, demande-toi quand tu dois faire l'action pour te rapprocher de ton objectif.
- Inscris l'action dans la colonne appropriée.

Exemple

Tu veux étudier pour devenir vétérinaire.

La réalité actuelle : tu as un niveau de $4^e$ secondaire ($10^e$ année ailleurs au Canada, ou $2^e$ lycée en France).

## Chauffeur ou passager?

Tu pourrais inscrire ceci dans ton tableau :

| Maintenant | D'ici 2-3 mois | D'ici 6 mois | D'ici 1 an |
|---|---|---|---|
| Appeler un programme d'éducation aux adultes pour connaître les modalités pour finir mes études secondaires | M'inscrire aux cours aux adultes et commencer à suivre les cours requis | | Obtenir mon diplôme d'études secondaires |
| Appeler à l'école de médecine vétérinaire pour demander quelles sont les études requises pour être admis | Appeler dans des CEGEP (établissements d'enseignement) ou voir un conseiller pour savoir le programme que je devrai suivre afin d'obtenir le diplôme prérequis pour entrer en médecine vétérinaire | | |

## Démarre!

| Maintenant | D'ici 2-3 mois | D'ici 6 mois | D'ici 1 an |
|---|---|---|---|
| Communiquer avec des vétérinaires pour trouver un emploi quelconque dans une clinique vétérinaire | | | |

Comme tu peux le voir, tu as quelques pistes à suivre EN DIRECTION de ton rêve. Tu te mets ainsi en action. Tu fais ça pour chaque priorité. Tu pourrais mettre des objectifs dans trois ou cinq ans, mais pour le moment, je ne le conseille pas, surtout si tu as de grands écarts à combler. C'est un exercice que tu devrais refaire régulièrement pour t'assurer de continuer d'avancer.

Une fois tes premières actions déterminées, **tu vas les inscrire dans un agenda**, électronique ou papier, peu importe.

Yes sir, un agenda.

Tu dois prendre rendez-vous avec toi-même pour honorer tes engagements. On ne manque pas un rendez-vous avec son médecin, alors pourquoi manquer un rendez-vous avec sa vie?

## Chauffeur ou passager?

Si tu as remarqué, j'ai dit « premières actions ». Pourquoi? Parce que tu vas devoir constamment faire le point et ajuster le tir. Toute planification se déroule ainsi. On écrit ce que l'on compte réaliser, ensuite on doit continuellement tenir compte des imprévus et autres aléas de la vie. Oui, il y aura des imprévus, des retards, des gains, des chances ou des pépins inattendus, et c'est alors qu'on doit revoir nos actions. Il faut parfois en ajouter ou en modifier en raison d'informations ou d'événements imprévus.

ATTENTION toutefois de ne laisser AUCUNE place aux excuses. Tu t'es engagé envers toi-même, et à moins que tu te rendes compte que ce rêve ne te convient réellement plus, tu ne dois pas le mettre de côté. Évidemment, si ton rêve était de devenir vétérinaire et qu'en travaillant chez un vétérinaire, tu te rends compte que tu n'aimes pas vraiment ça, de grâce ne t'entête pas!

Tu sais, il arrivera des moments où t'en auras juste marre et que tu voudras tout foutre là. Permets-toi de vivre ces émotions, mais attends un peu. Donne-toi quelques jours pour laisser retomber la poussière. Tu verras que ton rêve sera encore là et tu pourras reprendre le collier. Faut savoir parfois prendre un léger recul pour mieux voir la route devant soi.

J'espère que tu es fier de ce que tu viens de faire. Te rends-tu compte que tu es déjà plus près de ton rêve qu'il y a dix minutes? C'est comme ça que l'on bâtit sa vie.

Démarre!

Quelques conseils concernant la planification des actions

- Va chercher le maximum d'informations.
- Sois organisé (découpe en petites sous-étapes toute action plus complexe pour ne pas omettre d'étapes importantes et logiques).
- Cesse d'imaginer que tout peut arriver tout seul. Oui, la vie conspire avec nous, mais si on ne met pas la balle au jeu, rien ne peut jouer en notre faveur.
- Entoure-toi de rappels (pour tes objectifs, tes valeurs, tes délais, etc.). Voir le chapitre ***Pour éviter de caler le moteur aux lumières en haut de la côte*** pour obtenir des outils et des conseils à cet égard.

Tu peux maintenant voler de tes propres ailes vers ta vie, celle que tu auras choisi de bâtir, mais avant, prends le temps de lire le prochain chapitre. Il te sera utile.

Le plus gros du travail est fait. Bravo!!!!

## CHAPITRE 10
## AVOIR LES BONNES CARTES ROUTIÈRES

Tu as été voir sous le capot et tu as cerné où il y avait du travail à faire. De plus, tu as fait la planification. Super, mais sache qu'en tout temps tu peux perdre ton chemin si tu ne restes pas concentré sur ce que tu veux, c'est-à-dire tes priorités.

Pour te garder sur TON chemin, tu dois suivre la grande règle que voici :

**TOUTE ACTION OU DÉCISION DOIT PASSER PAR TES FILTRES.**

Laisse-moi t'expliquer.

**Les filtres**

D'abord, il y a deux types de filtres que tu vas devoir utiliser constamment et avec rigueur.

<u>Filtres intellectuels</u> : Il s'agit des priorités que tu as définies, c'est-à-dire les qualités et les valeurs que tu veux incarner, le genre de vie que tu veux avoir et les valeurs qui vont guider ta vie. C'est le fruit de tout ton travail jusqu'à maintenant.

## Chauffeur ou passager?

<u>Filtres intérieurs</u> : Ton intuition et ton enthousiasme.

Ça veut dire quoi toute cette histoire de filtres? Ça veut dire que ce que tu vas décider ou faire devra être en cohérence avec tes objectifs, tes valeurs ET ton ressenti. Ça doit te rapprocher de tes objectifs, et non pas t'en éloigner. Évidemment, tu ne peux pas prédire l'avenir et certains choix pourraient parfois ne pas donner les résultats escomptés, mais c'est ça la vie. Il faut rajuster le tir quand il le faut. Et je sais que c'est cliché, mais y a-t-il vraiment une mauvaise décision quand on l'a prise en s'écoutant? Je ne crois pas. Il y a quelque chose de bon dans ça quand même et au minimum, une leçon.

Tu viens de passer beaucoup de temps sur l'établissement de tes priorités et tes valeurs. Tu as épuré, épuré et épuré encore. Tu as donc **tes filtres intellectuels**.

Maintenant, je veux te parler de **tes filtres intérieurs** que sont l'intuition et l'enthousiasme. Moi j'appelle ça ressentir le « ayoye* ».

**Filtres intérieurs**

<u>*Le ayoye*</u>

On est rendu à parler de l'ayoye. C'est quoi ça? Pour ceux et celles qui ne sont pas allés voir le glossaire, disons que c'est comme le vrrrr. Hein? C'est les papillons. Et tu te dis « Mais c'est quoi tout ce délire? ». Héhé.

Le ayoye, c'est ton intuition et ton enthousiasme. C'est la route qui te parle. Ce sont tes tripes qui t'envoient un message.

Tu viens de faire un exercice intellectuel pour la majeure partie. Si tu es bien connecté à toi-même, tu auras senti des papillons, un enthousiasme certain ou quelque chose d'agréable en dedans de toi quand tu définissais qui tu veux devenir et la vie que tu souhaites. C'est hyper important. Ton intuition est ton gouvernail dans ta vie. N'oublie pas que ton mental peut te jouer des tours et te faire mettre sur papier des éléments qui ne répondent pas vraiment à TES aspirations profondes, mais bien à celles des autres ou à leurs attentes (rappelle-toi le conditionnement).

Tu te rappelles que je t'ai demandé de revoir toutes tes réponses et de regarder si toutes ces priorités te faisaient encore tripper, sinon il fallait les enlever de ta liste. Certaines des émotions que tu as pu ressentir en parcourant ta liste sont, notamment : enthousiasme, joie, exaltation, paix, sérénité, apaisement. Ces sentiments font tous partie du « ayoye » et t'indiquent que c'est une direction qui est en cohérence avec tes désirs profonds. Wayne Dyer, un auteur américain à succès, disait « Il ne faut pas mourir sans avoir chanté sa chanson. » Tes aspirations, tes rêves, ce sont TA chanson.

## Chauffeur ou passager?

Si tu ressens de l'aversion, de l'ennui, de la colère devant une valeur ou un objectif, il est fort à parier que ce n'est pas TON aspiration que tu as énoncée. *Scrappe** ça. Il n'est jamais trop tard.

Il se peut fort bien que tu ressentes de la peur ou du stress face à certains éléments. Ça, c'est une sous-catégorie du ayoye.

### *La peur*

J'en ai glissé un mot plus tôt dans le livre. Mais je dois revenir sur ce sujet.

La peur est très utile dans la vie. Elle est essentielle et a une relation très intime avec le cerveau reptilien, car sa mission est de nous protéger. On a peur de se brûler, donc on aura peur d'un rond de cuisinière chaud. Bien entendu. On a peur de se tenir devant une personne armée et menaçante. Évidemment.

Cependant, pourquoi sentir de la peur devant une qualité ou une situation envisagée? Où est la menace? Supposons qu'une des qualités que tu veux développer est la générosité, qu'une de tes valeurs de vie est le plaisir et qu'un de tes objectifs est l'abondance financière. Il se peut qu'en regardant un de ces éléments, tu deviennes anxieux. Pourquoi? Peut-être que pour toi la générosité entraîne l'altruisme total, la pauvreté et le sacrifice, et qu'en pareil cas, tu ne voies pas comment tu arriverais à

## Avoir les bonnes cartes routières

avoir du plaisir dans ta vie et encore moins à avoir l'abondance financière avec une telle qualité. Tu vois plein d'incompatibilités, alors tu as peur d'aller dans ces directions, mais ce ne sont que tes croyances qui te mettent des freins.

Prenons un autre exemple. Tu es timide actuellement. Dans tes objectifs de vie, tu aimerais être directeur dans une grande compagnie de recherche et donner des conférences en biologie, car ce sujet t'allume au plus haut point. Pour le moment, tu ne vois pas comment tu pourrais y arriver. Tu gèles comme un chevreuil devant une voiture en plein chemin quand on te demande de parler devant des gens, et ce, même si ce n'est que deux ou trois personnes. Tu sais pourtant que tu aimerais VRAIMENT ça. Ton mental va alors entrer en jeu et te dire « *Es-tu fou???? Voyons! Tu ne peux pas parler en public sans que tu pisses des mains et des aisselles! Tu parles comme si tu avais une extinction de voix! Pfff!* ». Tout ce que tu voudrais faire c'est de barrer ton rêve, car tu meurs de trouille juste à y penser. Pourtant, tu l'as bien mis sur ton papier et tu sentais l'enthousiasme, le ayoye, à l'idée d'y arriver. C'est un objectif assez réel pour qu'il figure sur ton papier.

Eh bien, tu veux savoir ce que signifie cette peur? D'abord, c'est un drapeau, une alarme qui sonne pour t'inciter à t'arrêter et à analyser ce qu'il en est vraiment. Si après analyse, tu te rends compte que cette peur est fondée, de grâce écoute-la. Elle t'indique peut-être que c'est une maudite idée de

## Chauffeur ou passager?

marde ou que tu vas aller à l'encontre de ta vraie nature, ce qui compromettrait ton équilibre ou ta survie. Respecte-la. Toutefois, si c'est que tu as peur d'échouer, cette peur c'est un freaking drapeau de 40 pieds qui te dit que tu DOIS aller dans cette direction, car c'est là que tu vas t'épanouir comme jamais, que tu vas puiser dans tout ton être et faire un pas de géant. C'est là que tu vas te remplir de fierté. Daniel Blouin, un auteur que j'adore qui a écrit *Sorties de zone* et *Entrées de zone*, m'a dit un jour que nos insatisfactions dans la vie sont directement proportionnelles à notre potentiel non exploité et que plus la sortie de zone de confort est importante, plus la peur est grande, plus la possibilité de bonheur est grande aussi. TOUT. À. FAIT.

Je vais évidemment ajouter une mention que tous jugeront inutile, un peu comme celle écrite sous la porte de la sécheuse « Ne pas laisser un enfant dans la sécheuse », et qui va comme suit : si la peur que tu ressens est justifiée, car elle met ta vie ou celle des autres en danger et que c'est pas ton but (j'espère!!!!), ne suis pas cette voie, ok? Donc, pas d'enfant dans la sécheuse ni de gars qui va faire du *bungee* avec une corde autour du cou au lieu des pieds pour faire différemment des autres. On se comprend là?

En résumé, pour suivre tes aspirations profondes, tu écoutes tes filtres intérieurs, dont la peur, et tes filtres intellectuels.

## Exemple de filtres en action

Tu as déterminé que tu voulais te tenir davantage debout dans la vie, avoir plus d'assurance et de confiance personnelle. L'honnêteté est une valeur importante dans ta vie. Un de tes objectifs, c'est d'avoir une famille unie, avec deux ou trois enfants. Donc on touche ici à la personne que tu veux devenir, à ce que tu veux avoir dans ta vie et aux valeurs qui te servent de guide. C'est bon? On continue.

Tu es une femme de 35 ans et tu viens de rencontrer LE mec, celui qui semble répondre à TOUS tes critères (car tu as pris le temps de définir quel genre de conjoint tu veux – gentil, aimant, sensuel, fidèle, etc.) La vie est belle avec lui. Depuis que vous vous êtes rencontrés il y a un mois, tout semble parfait. Puis vient le jour où vous abordez par hasard la question des enfants. Il te dit honnêtement (car tu voulais un homme honnête après tout) qu'il ne veut pas d'enfants. Il dit y avoir réfléchi longtemps et il sait clairement qu'il n'en veut pas. Tu es sidérée, car tu croyais qu'il en voudrait puisqu'il venait d'une famille nombreuse et semblait adorer la vie avec sa famille. Tu passes à un autre sujet, car tu ne te sens pas capable d'aborder la question. Tu restes bouleversée toute la journée. Plus tard, il te demande ce qui ne va pas. Tu lui réponds que tout est beau, puis tu te rappelles que la personne que tu souhaites devenir est une personne capable de s'exprimer avec confiance. Tu prends alors ton courage à deux mains et tu lui dis que c'est la question des enfants qui t'a

## Chauffeur ou passager?

perturbée. Toi, tu en veux des enfants, et le temps commence à presser. Tu lui expliques que tu pensais que ça serait la même chose pour lui. Il voit ton désarroi et comprend ta peine, mais il te dit que s'il veut être intègre envers toi, il doit respecter son choix, car c'est une décision mûrement réfléchie. Tu lui dis alors que tu vas réfléchir et lui revenir. Quelle déception!

Tu ne sais plus trop quoi faire, car après tout, ce mec a TOUTES les qualités que tu recherchais, sauf qu'il ne veut pas d'enfants. Tu penses que tu n'en trouveras JAMAIS un autre comme ça! Peut-être qu'il finira par changer d'avis? L'amour fait des miracles après tout. En même temps, même si avoir une famille et des enfants était ton aspiration prioritaire dans ta vie, peut-être que tu n'en veux pas tant que ça des enfants après tout. N'est-ce pas une pression de la société? Juste ton couple pourrait faire la job, non? Et le hamster est parti à courir dans sa roulette...

Que dois-tu faire?

1. Tu **RECULES** pour réfléchir.

2. Tu **RETOURNES** à tes filtres : qui tu veux devenir, quelle vie tu veux avoir et quelles sont tes valeurs.

Maintenant, veux-tu vraiment renoncer à avoir des enfants? Si oui, okidou*. Mais juste avant de

## Avoir les bonnes cartes routières

t'engager plus loin, pense à une possibilité. Imagine que vous vous sépariez dans cinq ans. Lui en voudras-tu de t'avoir fait rater la chance d'avoir des enfants ? Il sera rendu trop tard pour en avoir... Ou pire, t'en voudras-tu à TOI d'avoir fait une croix sur ton besoin, par peur de ne pas trouver un autre mec à la hauteur ? Si tu réponds non, alors ok, *go for it*, donne-toi à fond dans la relation. Si ton « ayoye » est là malgré ça, c'est que te reproduire n'était pas vraiment un projet de vie non négociable. On a le droit - non, le devoir – d'être fidèle à nos besoins. Il faut juste s'assurer de faire les bons choix pour SOI.

Oh! j'oubliais un conseil! Si tu poursuis dans cette relation, tu serais bien avisée de NE JAMAIS LUI REPROCHER EN AUCUNE CIRCONSTANCE de ne pas avoir voulu des enfants!!!!! Il t'a dit les vraies affaires et t'as fait un pacte. Donc, tais-toi sur ce sujet, peu importe ce qu'il fera. Vous aviez un deal*. Point.

Si tu te rends compte que tu ne peux pas renoncer volontairement à avoir des enfants, alors tu ne peux poursuivre cette relation, aussi parfaite semble-t-elle être. Si tu perds ta joie de vivre, ton « ayoye » rien qu'à penser que tu renonces sciemment à avoir des enfants, sors de cette autoroute. Elle ne répond pas à ton objectif de vie. Il n'est peut-être pas ton mec parfait après tout puisqu'il ne veut pas la même chose que toi. Rends-toi service et laisse-le. Ça sera pour le mieux. Et ce, même si tu n'as jamais l'occasion dans ta vie d'avoir d'enfants. Tu auras au moins été cohérente avec toi-même.

## Chauffeur ou passager?

Une fois cette décision prise, tu vas devoir incarner encore une fois une des qualités que tu voulais développer, c'est-à-dire le courage de te tenir debout, et tu vas avoir cette discussion difficile. Tu auras été fidèle à toi-même sur toute la ligne.

Si tu n'utilises pas ces filtres, tout ce travail que tu viens de faire ne servira à rien. Si tu te mets à déconner sur les décisions à prendre, tu vas t'en mordre les doigts. Pratique-toi à utiliser tes filtres même dans les décisions les moins importantes, car ces petites décisions sont parfois celles qui changent le cours de l'histoire! Ok, tu trouves que j'exagère? Voici deux exemples.

Quand Rosa Parks a décidé de ne pas céder son siège à un Blanc qui n'avait pas de place dans la section des Blancs, elle a posé un geste d'une importance capitale dans le mouvement de libération des Noirs aux États-Unis. Elle aurait pu décider de laisser tomber ses valeurs vu que c'était mineur comme geste (en théorie), mais non, elle avait décidé qu'en tout temps, elle incarnerait sa valeur de liberté.

Autre exemple intéressant. En 1972, un agent de sécurité, en faisant sa ronde, remarqua qu'il y avait du ruban adhésif sur les verrous des portes, ce qui les empêchait de se verrouiller. Croyant à un oubli, il enleva le ruban et poursuivit son chemin. À sa seconde ronde, il remarqua le même phénomène (les rubans avaient été remis). Il aurait pu laisser faire, mais une de ses valeurs était clairement l'honnêteté

Avoir les bonnes cartes routières

ou la sécurité, car il alerta la police qui captura ensuite cinq personnes en train de planter illégalement des micros d'espionnage dans l'édifice Watergate qui abritait les bureaux du comité national des démocrates. Ce simple geste mena à la seule démission d'un président américain dans l'histoire des États-Unis. Quand même pas rien, n'est-ce pas?

Ça vaut la peine de garder en tout temps tes filtres à l'esprit.

# CHAPITRE 11
# POUR ÉVITER DE CALER LE MOTEUR AUX LUMIÈRES EN HAUT DE LA CÔTE

**Outils et conseils**

Au dernier chapitre sur les filtres, tu as compris qu'il fallait utiliser tes filtres intellectuels et intérieurs pour chacun des choix que tu veux faire.

On est toujours hyper bien intentionné, motivé et déterminé au début, et on pense qu'on va faire ça les deux doigts dans le nez. Désolée, ça ne se passe pas comme ça. C'est ton mental qui veut te faire croire ça. Faut le garder à l'œil!

Sache que tu ne seras pas parfait, qu'il t'arrivera d'oublier tes filtres involontairement et parfois très volontairement, comme moi devant une poutine* où j'oublie mes objectifs de santé (pour ceux et celles qui ne savent pas ce que c'est, venez au Québec y goûter, et vous ne serez plus jamais les mêmes). Et c'est ok. Je ne me lance pas tête première dans la poutine tous les jours, et quand ça m'arrive en fait, c'est que je l'ai décidé. C'est donc une omission volontaire et saine, je crois. C'est plus sournois quand c'est involontaire, car ça vient du mental, de son conditionnement.

## Chauffeur ou passager?

Tu n'utiliseras pas toujours tes filtres et ne prendras pas toujours les décisions qui vont te rapprocher de tes objectifs. On appelle ça être humain. Fais juste te rappeler que tes filtres ne sont pas là pour te contraindre à quoi que ce soit, mais bien pour te guider vers la destination QUE TU AS CHOISIE.

Il est primordial que tu gardes à l'esprit que c'est bien beau d'avoir des objectifs, mais que le bonheur ne se trouve pas de l'autre côté du pont, mais bien tout au long du trajet. C'est TELLEMENT important de se souvenir de ça. Sinon, tu seras très, très déçu au bout de la route, car la satisfaction n'est pas tant celle d'avoir atteint parfaitement l'objectif, mais bien d'avoir vécu toutes les aventures jusqu'au bout et de savourer sa réalisation imparfaite.

Bref, devant toute décision à prendre, petite ou grande, utilise ta tête et demande-toi quelle décision serait la plus susceptible de te rapprocher de tes aspirations. Dans le doute, car parfois ce n'est pas évident, choisis la route qui te parle (le « ayoye » entre autres).

Pour t'aider à garder le cap, voici quelques conseils et outils que je te propose. Je crois qu'ils sont hyper efficaces et je t'encourage fortement à les considérer dans ta démarche vers une vie à la hauteur de TES aspirations.

Pour éviter de caler le moteur aux lumières en haut de la côte

## **Outils**

- Agenda

    o  Je l'ai déjà mentionné. Et je me répète volontairement. Tu dois être organisé pour avancer.

    o  La planification que tu as faite, tu dois la découper en mini-étapes et les inscrire dans ton agenda.

    o  Pour la version papier, prends-en un qui te permet d'écrire beaucoup, sinon tu vas détester ça (j'en avais un dans lequel je ne pouvais presque rien écrire à côté du titre de mon action, et chaque fois je ne me souvenais pas vraiment de ce que je devais faire).

    o  Pour un agenda électronique, assure-toi qu'il te permette de bien suivre tes affaires tout en étant facile à utiliser (faut garder les choses le plus simple possible).

    o  Tu respectes tes rendez-vous chez le médecin? Respecte alors tes rendez-vous d'action avec toi-même!

Chauffeur ou passager?

- Tableau de visualisation (*vision board*)
    - Un tableau de visualisation est – comme son nom l'indique – un tableau (je me sens tellement conne quand je construis des phrases comme ça, mais bon...) sur lequel on colle des photos ou on inscrit des mots qui représentent nos objectifs. On peut faire des tableaux par projet ou objectif ou un tableau général pour sa vie. Il y a beaucoup de sites qui en parlent sur le web. Voici un site fort intéressant qui décrit les étapes. Tu verras que tu as déjà fait la plupart des étapes et que tu es rendu à créer ton tableau, mais les conseils sont toujours utiles : http://fr.wikihow.com/faire-un-tableau-de-visualisation-(Vision-board)
    - Si tu comprends l'anglais, va voir la rubrique de Jack Canfield, auteur de la série *Bouillon de poulet pour l'âme*, sur les tableaux de visualisation : http://www.jackcanfield.com/blog/how-to-create-an-empowering-vision-book/
    - C'est un rappel visuel de la vie que l'on veut créer. J'adore regarder mon tableau et voir que plusieurs de mes objectifs sont réalisés, et je les garde, car ils me rappellent que mes efforts portent fruit.

Pour éviter de caler le moteur aux lumières en haut de la côte

- Ça fait cucul, mais c'est vraiment inspirant (surtout quand tu vois un objectif après l'autre se réaliser).

- Exercice Quoi de neuf, docteur? (Mots célèbres de Bugs Bunny)

    Cet exercice ressemble à l'exercice du vieillard à la fin du Chapitre 6, sauf que le récit ne porte que sur un an, soit la fin de ta période de planification. Ça te permet de voir ce que tu aimerais avoir vraiment accompli d'ici un an.

    - Écris un texte sous forme de lettre que tu enverrais à un ami de longue date avec qui tu n'as pas eu de contact depuis très longtemps.

    - Tu fais comme si on était dans un an. Décris-lui comment a été ta vie jusqu'à présent. N'oublie pas de lui parler de ta transformation personnelle (comment tu as pu te développer comme personne).

    - Mets des détails pour que toutes les parties de ton cerveau embarquent avec toi (détails/logique, images, ressenti/sentiments, odeurs, mouvements/actions, etc.).

Chauffeur ou passager?

- o Prends le temps de bien l'écrire. Et garde-la.

- o Je sais que ça fait « loi de l'attraction », mais en fait ce n'est pas de la magie. Tu utilises cet outil pour donner des commandes à ton inconscient. C'est très puissant.

- o Ça te permet de te projeter non seulement intellectuellement dans la vie que tu souhaites, mais aussi émotionnellement, car quand on écrit une lettre à quelqu'un, on veut que la personne ressente bien ce que l'on raconte. À un moment dans ma vie, le fait d'avoir écrit cette lettre m'a permis de voir que la relation dans laquelle j'étais était à mille lieues de ce que je souhaitais. Et je me suis alors dirigée vers la sortie.

- o Quand tu manques de gaz, relie ta lettre et rappelle-toi où tu veux être dans 12 petits mois. Ça pourrait t'aider à survolter ton moteur.

- Carte plastifiée

    - o Écris sur une petite feuille ou carton, recto verso, tes priorités et tes valeurs (fais ça bref en utilisant des mots clés).

Pour éviter de caler le moteur aux lumières en haut de la côte
- o Plastifie cette carte et traîne-là avec toi dans ton portefeuille. Tu pourras ainsi te référer à tes filtres en tout temps.
- o Certains accrochent ça à leur porte-clés ou en font un signet s'ils sont d'avides lecteurs.

## *Conseils*

- Routine du matin et du soir
  - o <u>Soir</u> : Juste avant de te coucher, relis tes priorités et tes valeurs, ressens leur importance en toi et l'enthousiasme que ça te donne, puis endors-toi. Tu vas ainsi donner tes commandes à ton cerveau pour qu'il y travaille toute la nuit. Il va ainsi se conditionner. En passant, même après une cuite ou avoir fait du sport extrême, tu devrais lire tes priorités et valeurs. Ton cerveau n'est jamais en pause lui.
  - o <u>Matin</u> : Dès que tu ouvres tes yeux, demande à ton cerveau « Que vais-je faire aujourd'hui pour atteindre mes objectifs? ». Tu seras surpris de voir les idées qui vont émerger pendant ta journée! Si tu te sens à côté de tes pompes, tu peux relire tes priorités et

Chauffeur ou passager?

valeurs pour t'en imprégner et donner le ton à ta journée.

- Une action concrète par jour

    o Fais AU MOINS une action par jour en direction de tes aspirations. Jack Canfield, dans son livre *Le succès selon Jack*, conseille de faire cinq actions par jour. À toi de voir ce qui te convient le mieux. Dans les premiers temps, je te dirais d'inclure au moins une action par jour, par objectif. Parfois, tu voudras en mettre plus, libre à toi. Assure-toi simplement de te mettre dans une position de réussite probable, c'est-à-dire que ce que tu mets sur ta liste à faire pour la journée est faisable, sinon tu risques de te sentir en échec, et c'est un peu démotivant si ça arrive trop souvent. Je te conseille de petites bouchées, mais écoute-toi. Tu sauras ce qui est le mieux pour toi. Fais-toi confiance! Qui mieux que toi pour bâtir TA vie?!

- Avoir un complice

    o Les malfaiteurs ont souvent un complice pour les aider à réaliser leurs mauvais coups. Pourquoi ne pas avoir un complice qui t'aidera à réaliser tes BONS coups? C'est très utile d'avoir quelqu'un avec qui

Pour éviter de caler le moteur aux lumières en haut de la côte

on peut partager nos réussites et nos échecs. Nous avons parfois la face tellement collée sur un arbre que nous ne voyons pas la forêt. Avoir un complice (ou un binôme comme certains appellent ça), c'est super aidant.

Évidemment, c'est préférable si l'autre personne cherche également à vivre une vie à la hauteur de ses aspirations, sinon elle pourrait – bien involontairement ou non – te tirer vers le bas et te démotiver (les gens n'aiment pas beaucoup ça quand on essaie de changer, ça les déstabilise). Choisis bien ton complice.

- Clubs, associations, organisations, regroupements, etc.

    o Il est souvent très utile de joindre un club, une association ou un regroupement dans le domaine qui t'intéresse. Par exemple, si tu veux améliorer ta forme physique, tu pourrais envisager de joindre un gym, ou encore un club de course à pied. Si tu veux te lancer en affaires, peut-être que joindre la chambre de commerce ou un autre regroupement de gens d'affaires pourrait t'aider dans ton projet. Si tu veux devenir conférencier ou parler devant des groupes, tu peux te joindre à Toastmasters pour apprendre l'art de parler en public. Tu rencontreras ainsi des gens qui partagent un but semblable. Tu vois un peu l'idée? Les groupes peuvent être en personne ou en ligne (pour le réseautage, il n'y a rien qui bat le contact humain, mais libre à toi). Tu peux même créer un groupe si tu le veux. Au contact des autres, tu pourras trouver du soutien. Ce n'est pas à négliger même pour les timides!!!! (J'en étais une – et je le suis encore à certains égards - donc je comprends.)

**Que faire quand tu as perdu ton chemin et que le doute s'installe?**

Avant toute chose, cerne bien ce qui fait surgir tes doutes. Est-ce que ça pourrait être ton mental qui essaie de te ramener sur son autoroute, car il en a marre de ton chemin de campagne cahoteux? N'oublie pas que tu es en train de bâtir un tout nouveau réseau routier dans ta tête. On vit tous ça différemment, mais même si ton mental a été assez sage, il finira par vouloir tirer la « plug* » et te ramener à « la maison », tôt ou tard. C'est à ce moment-là que tu dois tenir bon et que tu dois te rappeler pourquoi tu fais tout ça. Tu le fais, car tu sais que tu vas mourir et que chaque instant de ta vie compte. Tu le fais, car tu sais que tu as le droit – non,

## Pour éviter de caler le moteur aux lumières en haut de la côte

le devoir! – de vivre une vie qui est à la hauteur de tes aspirations et de ton potentiel.

Si ce n'est pas ton mental qui joue avec toi, reviens aux bases : quelles sont tes valeurs et priorités? Ont-elles changé? Si oui, retourne à l'étape 1 et refais le chemin (plus on le fait, plus c'est facile, ne t'inquiète pas). Si non, réévalue ta situation. Assure-toi aussi de ne pas être en divergence avec une valeur profonde (p. ex. quand je tente de maigrir, si je n'ai plus de plaisir à manger, je finis par m'autosaboter, car je contreviens à une valeur profonde, le plaisir).

Il y a un vieux proverbe qui dit : L'heure la plus sombre vient juste avant l'aube.

Espère l'aube, elle viendra! Lâche pas! Tu mérites de vivre heureux et épanoui.

**Note importante**

Si les changements que tu veux apporter dans ta vie te semblent impossibles ou trop difficiles, va te chercher de l'aide. Savoir reconnaître quand la bouchée est trop grosse, c'est un signe d'intelligence et d'intégrité, car en allant chercher de l'aide, tu mets toutes les chances de ton côté. Investis dans ta vie. Tu peux consulter un psychothérapeute, un coach professionnel ou un psychologue pour t'aider dans ton cheminement. Si tu n'as pas encore les moyens (ça va venir si tu te mets en action, n'oublie pas), va voir ton médecin ou des organismes qui peuvent te diriger

## Chauffeur ou passager?

vers des gens en mesure de te donner le petit coup de main dont tu as besoin. Avoir un regard différent sur nos défis peut être si bénéfique!

J'ajouterais que lorsqu'on demande de l'aide avec sincérité et ouverture, personne ne nous refuse cette aide si précieuse. Faut pas te gêner.

Même si ton moteur a calé plusieurs fois aux lumières en haut d'une côte et que tu as reculé dans la voiture en arrière et que les autres conducteurs dans la file derrière toi ont klaxonné comme des enragés, on s'en balance. TOI tu as le courage d'apprendre, de choisir TON chemin (pas celui de la facilité si tu es avec une voiture manuelle dans une côte, on s'entend), de rester fidèle à tes aspirations et surtout de rester aimant et accueillant avec toi-même. Donc, ces enragés peuvent bien aller se faire voir ailleurs. Laisse-les klaxonner les caves* dans leur voiture automatique de pépère. Toi, tu ne conduis pas du tout le même type de char.

Souviens-toi. Tu vas y arriver, peu importe que les changements à apporter soient majeurs ou mineurs. Tu as fait le travail, tu fais ta planification et tu te mets en action. Bravo!

# CHAPITRE 12
# LA LOI DE L'ATTRACTION
# DANS LE RÉTROVISEUR

Ce chapitre devait s'intituler « Ressources utiles » et mon intention initiale était de fournir une panoplie de titres de livres ou de sites web pour t'aider dans ton cheminement. J'ai abandonné l'idée, car je trouvais que le choix est infini et que les goûts, ça ne se discute pas. De plus, ce qui a été marquant pour moi ne le sera peut-être pas pour toi. Toutefois, voici ce que j'ai à dire sur le sujet : si un auteur-formateur-coach-conférencier-*whatever* te promet la lune sans efforts de ta part, sauf d'acheter ses livres et ses formations ou séminaires, fuis. Oui, la vie n'a pas à être un combat, mais c'est totalement faux de croire qu'on peut arriver à quelque chose sans avoir levé le petit doigt.

J'ai choisi de faire un chapitre moins « terre à terre » pour ceux et celles qui ont le goût d'explorer au-delà du « réel ». Je vais donc parler de la loi de l'attraction.

C'est un terme à la mode bien que le concept soit très, très vieux. Avant, on appelait ça le pouvoir de la pensée positive aussi. Le concept a eu de nombreuses appellations. En fait, nombre de religions se fondent sur le même principe fondamental : on demande (par

## Chauffeur ou passager?

la prière, le sacrifice, etc.) et on reçoit. C'est ça grosso modo. Dans les religions, il y a pas mal de conditions à remplir pour avoir le droit à tout ça, et ça va pas mal au mérite.

Dans la loi de l'attraction – du moins, la façon dont c'est véhiculé de manière assez répandue – c'est aussi simple que ça. Tu demandes et tout va t'être donné si tu y crois, si tu écris tes petites phrases, si tu fais tes visualisations, si ceci, si cela. De plus, tout ce que la vie va te donner, tu devras l'accepter comme tel, car elle sait mieux que toi ce qui te convient. Je ne crois à ni l'un ni l'autre. Faut nuancer en batince.

Je ne crois pas qu'il y a quelqu'un qui me juge là-haut ou qui décide que je mérite ou non telle bénédiction ou tel malheur. Et en même temps, on me dit que ce « juge » est amour inconditionnel. Incohérence totale pour moi. Je crois qu'il y a une intelligence dans l'univers, une énergie créatrice, qui conspire avec moi, que mes projets soient pour le bien ou pour le mal. Cette énergie est là, elle fait sa petite affaire et le plus beau c'est que je peux l'utiliser pour m'aider à créer ma vie et ma réalité.

On est issu d'elle de toute façon. Mon âme (la version légère de cette intelligence) sait – ELLE – ce qui me convient le mieux et travaille avec moi, si je la laisse me guider. Et pour exécuter nos projets, je dois utiliser mon mental et le reste de mon corps, car il se trouve que je suis actuellement sur terre et que je

## La loi de l'attraction dans le rétroviseur

dois jouer en fonction des lois de la nature. Mais ça, c'est moi, c'est mon opinion.

Je crois que les poussées que nous avons à l'intérieur de nous, celles qui nous allument sont « inspirées » par... NOUS. Par notre essence pure. Je crois qu'avec notre cerveau, nous pouvons arriver à faire de grandes choses.

Tu te rappelles quand je te disais que si on demande à notre cerveau de voir des voitures vertes, eh bien, on va en voir comme jamais, pas parce qu'elles existent soudainement, mais bien parce que notre cerveau les met en premier plan dans notre conscience. Or, quand tu donnes des commandes à ton cerveau (tes priorités, tes valeurs, ta planification), il est à l'affût des opportunités que tu n'aurais jamais vues. Ça c'est une chose.

Et notre attitude ayant un impact incroyable sur notre énergie, celle-ci attirera d'autres énergies qui vont travailler en notre faveur. Je l'ai vécu à maintes reprises. C'est donc une combinaison de plusieurs choses qui fait la loi de l'attraction.

Les gens veulent croire à une loi de l'attraction pas trop exigeante et ils s'imaginent qu'il suffit d'y croire, de faire quelques mantras ou de s'imaginer avec une pitoune* ou un mâle alpha sur le bras et une Porsche dans l'entrée pour que ça se réalise. Ils ne veulent pas faire le travail d'observer ni d'analyser leurs croyances profondes pour y apporter des changements ni se mettre en action. Pourtant, dans

## Chauffeur ou passager?

un des plus grands best-sellers de l'histoire, n'y dit-on pas que la foi sans les œuvres est inutile? Il ne suffit pas de croire. Il faut agir aussi, car c'est en agissant que notre cerveau comprend nos commandes. Les inconditionnels de la loi de l'attraction sans action méprennent le lâcher-prise pour de la passivité.

Le lâcher-prise au bon moment est important pour notre équilibre mental. C'est mon avis en tout cas. Une fois que tu as défini tes objectifs et tes valeurs, que tu as planifié tes démarches et que tu t'es mis en action, tu dois laisser de la place à la vie pour qu'elle conspire avec toi.

Or, pour laisser de l'espace, il faut lâcher prise et arrêter de vouloir tout contrôler. Les plus belles surprises arrivent à des moments inattendus, mais TOUJOURS après avoir mis la balle au jeu. Sans action, ta loi de l'attraction sera en fait la loi de l'attraction de n'importe quoi.

Parmi les gens qui veulent vivre une vie plus à la hauteur de leurs aspirations, il y a, selon moi, quatre grands groupes :

- Ceux qui veulent juste faire de la visualisation, répéter de belles phrases et lire de bons livres de motivation tout en restant confortablement assis dans leur vie, sans y apporter de changement. Ces gens ne récolteront qu'un sentiment d'accomplissement temporaire et ne seront jamais au volant de leur vie.

La loi de l'attraction dans le rétroviseur

- Ceux qui croient que ce n'est qu'en souffrant et en luttant qu'on arrive à quelque chose. Sans souffrance, aucune récompense (*no pain, no gain*), comme disent les anglophones. Ces gens-là passent leur vie à se fatiguer inutilement. Ils parviennent souvent à leurs fins, mais se rendent compte trop fréquemment, usés à la corde, que ce qu'ils ont obtenu ne leur donne pas satisfaction. Agir n'est pas synonyme de souffrir.

- Ceux qui croient que si tu réussis, c'est parce que tu le mérites, et vice-versa. Pourtant, il y a plein de bonnes personnes talentueuses qui ne semblent pas réussir leur vie. Ça voudrait dire qu'elles ne le méritent pas?

- Ceux qui croient que la « vie » travaille pour nous quand on met la balle dans le jeu, quand on fait un pas en avant, quand on se met en action. Je fais partie de ce groupe. Je crois fondamentalement que notre attitude a autant d'importance que nos actions, mais que l'un sans l'autre ne donne pas grand-chose.

Si on récapitule : va vers ce qui te fait vibrer; utilise ta tête aussi, agis et aie confiance que tout ce que tu mets en branle va créer des ondes qui travailleront en ta faveur. Ça ne peut pas faire autrement. C'est ça la loi de l'attraction. Aide-toi et le ciel t'aidera, pour reprendre d'autres mots célèbres.

Chauffeur ou passager?

Bon, c'est terminé pour la partie « woowoo* ». Rendez-vous à la page suivante.

## CHAPITRE 13
## UNE ROUTE SANS NIDS DE POULE ?

Tu dois être prêt à relever tes manches et à foncer vers ta vie, non ? Good!!!

Tu sais, si tu as bien cerné tes valeurs et tes priorités, si tu passes toutes tes décisions par tes filtres des valeurs et des priorités, si tu as bien planifié, si tu fais chaque jour des actions en direction de tes objectifs, si tu travailles avec un agenda, si tu as fait ton tableau de visualisation, et si tu as suivi mes conseils, tu es en business mon ami, et tout va aller comme sur des roulettes ! À toi la gloire ! À toi la *big life!* À toi la route sans nids de poule !

F-A-U-X.

Tout n'ira pas comme sur des roulettes. Parfois oui, ça ira super bien, mais pas tout le temps. Ce n'est pas de la magie ce que tu fais là. Tu es en train (ou sur le point) de VIVRE TA VIE pleinement en y insufflant tout ton être, cœur et intellect. Tu vas créer une vie qui dépasse tout ce que tu pensais pouvoir faire. Tu vas vivre de grandes réussites qui vont te laisser perplexe tellement elles seront nourrissantes et vivifiantes. Et tu vas vivre des échecs cuisants. Et tu vas faire des erreurs. Et tu vas parfois pleurer. Et tu vas parfois crier. Et tu vas parfois penser que tout ça c'est de la

## Chauffeur ou passager?

marde. ÇA, c'est la vie. Si tu penses qu'une seule personne au MONDE ne vit pas de la marde de temps en temps, tu es dans un monde imaginaire ou tu prends de la drogue. Ce n'est pas bon la drogue. *Say no to drugs!*

Blague à part, j'aimerais juste te faire comprendre ce qui va te différencier de la plupart des gens. Toi, tu vas vivre des moments difficiles, comme les autres. MAIS, le reste du temps, tu vas avoir le sentiment (très réel) de t'épanouir, de mordre dans la vie à pleines dents, de te développer, d'apporter à l'humanité et de laisser quelque chose qui a du sens derrière toi, contrairement à ceux et celles qui se contentent de vivre leur vie sans trop de saveur, sans trop demander, sans trop espérer. Si tu lis ce livre, c'est que tu veux continuer malgré les écueils*, car tu sais que la route est magnifique et qu'il faut en savourer chaque moment, non?

Quand tu vivras des moments de découragement ou d'échec, cherche des exemples de personnes qui ont connu l'adversité et qui ont triomphé, car elles ont cru qu'il était possible de vivre, pas juste de survivre ou d'exister. Elles pourront t'inspirer et te donner un deuxième souffle. Lis sur des gens qui ont vécu d'incroyables réussites ET de cuisants échecs. Pourquoi les échecs? Car sans échecs, il n'y a aucune réussite. Sans échecs, ça veut dire que rien n'a été essayé. Sans échecs, la vie n'a pas été vécue. Derrière chaque échec se cache quelque chose de

Une route sans nids de poule?

beau, caché comme un trésor. Et chaque échec n'est qu'une leçon qui porte un costume de marde.

*Échouer, c'est avoir l'occasion de recommencer de manière plus intelligente.* - Henry Ford

Tu n'as pas besoin d'aller très loin. Regarde bien autour de toi. Tu vas voir des gens qui vivent pleinement et d'autres qui se contentent de faire ce qu'il faut pour survivre et ne pas être trop malheureux. Observe la différence. Laisse-toi inspirer.

C'est la peur de l'échec qui nous paralyse tous. Demande à n'importe qui ce qu'il répondrait à la question suivante : « Si la réussite était garantie, que changerais-tu dans ta vie ou que ferais-tu différemment? » Tous feraient quelque chose qu'ils ne font pas actuellement. Tous. Mais toi, tu as décidé que tu allais te sentir vivant pendant que tu es en vie, et ton aventure est commencée! Encore bravo (je ne le dirai jamais assez)!

## UN DERNIER MOT AVANT DE SE DIRE AU REVOIR

Comme tu as pu le constater, ***Chauffeur ou passager? Comment reprendre le volant pour t'assurer de ne pas gaspiller tes talents, ton temps, ta vie*** est un livre pratico-pratique qui t'a présenté l'éventail incroyable de possibilités à ta disposition pour vivre une vie à la hauteur de tes aspirations et profiter à 100 % de la vie, à tous les égards. N'est-ce pas ça de toute façon qu'on entend crier à l'intérieur de nous, ce désir de mordre dans la vie et de se lever tous les matins en aimant notre vie, et ce, malgré les impondérables qui surviennent toujours?

Tout le livre est basé sur ce qui suit :

- on est la somme de nos choix, conscients ou non;
- on est pleinement responsable de notre vie;
- il est essentiel d'avoir une vision claire de qui l'on veut être et de ce que l'on veut vivre;
- pour créer sa vie, il faut faire des choix qui découlent de nos aspirations, pas de notre conditionnement; et

## Chauffeur ou passager?

- le but ultime est d'exploiter son plein potentiel, de se sentir pleinement vivant et de mourir avec le sourire dans la face.

Nous avons tous besoin de nous faire confiance, d'arrêter de vivre selon ce que les autres veulent. Étant responsable de notre vie, il faut s'outiller pour être en mesure de prendre les bonnes décisions qui NOUS conviennent à NOUS. Qu'il s'agisse de choix simples, comme acheter une voiture, ou de choix plus difficiles, comme choisir une carrière ou poursuivre ou non une relation amoureuse, il faut utiliser les bons outils.

Tu sais dans la vie, tout est une question de choix. Tout. Tu peux donc laisser les circonstances, les gens, l'environnement, etc. décider de ta vie ou tu peux t'asseoir bien comme il faut derrière le volant et conduire ta bagnole à ta guise. Parfois, ce sera une petite route tranquille et parfois tu seras sur une route étroite et cahoteuse longeant un ravin. Mais c'est toi qui seras aux commandes. Tu seras maître à bord.

Et puis, dis-moi, comment as-tu trouvé notre balade? Tu as aimé l'expérience? Est-ce que tu vois tout le pouvoir entre tes mains et entre tes deux oreilles? J'espère que tu as pu retirer de ce livre non seulement des connaissances, mais surtout une volonté et une détermination de vivre TA vie, à tout prix! Ce livre n'est pas une fin en soi, évidemment. Il se veut un départ. Chaque personne demeure responsable par la

## Un dernier mot avant de se dire au revoir

suite d'aller chercher ce qui lui manque – le cas échéant – pour continuer d'avancer.

Avant de te quitter, je t'invite à te joindre au groupe Facebook Chauffeur ou passager? où les gens peuvent partager leur opinion, leur cheminement et s'appuyer. Tu peux aussi rejoindre les membres de mon site www.johannevoyer.com ou www.teschoixtavie.com pour être tenu au courant des nouveautés et avoir accès à des articles et entrevues qui peuvent t'être utiles.

J'espère que tu as aimé notre balade. Moi, j'ai adoré. Au plaisir de te rencontrer un jour sur la route!

# GLOSSAIRE

*Ce petit glossaire ne se veut pas exhaustif. Si une expression québécoise vous cause problème, vous pouvez trouver en ligne des dictionnaires qui vous aideront à vous y retrouver (p. ex. http://www.wikebec.org/ ou http://www.je-parle-quebecois.com/ )*

**@&#$!** : Pour remplacer un juron sous forme adverbiale que j'aurais utlisé pour dire « vachement ». Il faut comprendre qu'au Québec, un juron (ou un sacre, comme on dit) est un mot provenant de la religion catholique et utilisé pour exprimer fortement une émotion. J'ai choisi, cette fois-ci, de ne pas vexer mon lecteur, bien que ce terme soit couramment utilisé au Québec. Ça sera pour une prochaine fois!

**Ayoye** : Dans le langage courant québécois, « ayoye » peut signifier la douleur (ouille!) ou l'admiration ou encore un état de plaisir surprenant. Dans ce livre, c'est cette dernière signification qui est utilisée.

**Batince** : Superlatif qui signifie « très ».

**Booster** : Survolter (survoltage).

Chauffeur ou passager?

**Broche :** Fil de fer. *Attache ta tuque avec de la broche* est une expression québécoise qui signifie que ça va être mouvementé, que ça va chauffer, quoi. Pour « Tuque », voir définition plus loin.

**Broue** : Mousse d'un liquide (comme la mousse de la bière).

*Avoir de la broue dans le toupet* : Expression qui signifie être submergé, dépassé par ce qui se passe, ne plus s'appartenir, quoi.

**Business** : Au Québec, tout comme le mot « job », on féminise. On dira une business et une job, alors qu'ailleurs en francophonie, on associe les business et les jobs au masculin. Intéressant, non?

**Caisse (de 12)** : Un casier de 12 bouteilles de bière. On aime ça la bièreau Québec (pas moi, mais bon, je me reprends avec le vin).

**Camry** : Voiture de marque Toyota reconnue pour sa fiabilité, son confort et son prix abordable. Cependant, c'est une voiture que beaucoup trouvent paresseuse, une automobile de « pépère ».

**Caves** : Imbéciles. Connards. T'en connais, toi, des gens comme ça?

**Char** : Bagnole, voiture. Un char, c'est comme un chum, le terme a une connotation possessive.

**Chienne (avoir la)** : Avoir peur, parfois au point de faire dans son froc.

## Glossaire

**Cruise control** : Régulateur de vitesse dans une voiture. Le genre de truc qui fait que tu ne forces même plus, que tu trouves ça trop lourd de simplement peser sur une petite pédale pour avancer. Parfait pour s'endormir au volant de sa vie.

**Curve** : Une balle courbe au baseball. Le genre de merde qui t'arrive et qui te fait dire « pourquoi moi? ».

**Deal** : Bonne affaire. Peut aussi vouloir dire « prendre entente ».

**Drive (avoir de la)** : Être motivé, dynamique.

**Écueil** : J'ai toujours voulu dédier ce mot à un de mes professeurs, Monsieur X. (je vais taire son identité), qui m'avait publiquement humiliée lorsque j'avais demandé la signification de ce foutu mot. Alors voilà cher professeur, je vous dédie ce mot, car je n'ai jamais oublié sa signification. C'est pour dire qu'il y a toujours du bon qui pousse sur de la merde.

**Freestyle** : Style libre – sans contraintes; on se laisse aller.

**Freaking, Fucking (ceci ou cela)** : *Freaking* est une version acceptable de *Fucking* qui quant à lui est un mot archi vulgaire utilisé ici pour amplifier ce qui le suit ou le précède selon le cas. Peut-être facilement remplacé par « putain ». Désolée aux yeux et oreilles sensibles. Mot pas apprécié des anglophones même s'ils l'utilisent dès qu'ils le peuvent.

Chauffeur ou passager?

**Fun (avoir du)** : Ce terme veut dire « plaisir », mais comporte – à mon humble avis – une connotation plus ludique et agréable. Une coche au-dessus de « plaisir », sauf dans un domaine, le sexe, où avoir du plaisir est plus synonyme de satisfaction qu'avoir du fun.

**Gaz (manquer de)** : Essence. Ça peut aussi vouloir dire, dans certains contextes, manquer d'énergie.

**Gérant d'estrade** : Personne qui donne des conseils en « connaisseur » sans en être un ou encore sans être impliquée. Par exemple, une personne qui semble avoir toutes les solutions pour régler un problème de société, mais qui ne fait absolument rien dans ce sens. Ou encore, un spectateur qui critique les choix stratégiques d'un entraîneur sportif, comme s'il avait la science infuse. Faire la mouche du coche.

**High** : Sentiment d'euphorie souvent associée à une décharge de dopamine.

**Jasette (piquer une)** : Avoir une petite discussion amicale. Souvent, quand on veut piquer une petite jasette, il y a anguille sous roche : on est curieux de savoir quelque chose ou on a des remontrances à faire à quelqu'un ou des conseils à donner... Du moins, c'est l'expérience que j'en ai.

**Job (faire la job)** : Faire l'affaire.

**Ladies and gentlemen, start your engines** : Expression utilisée en course automobile (je ne

## Glossaire

saurais dire si le "Ladies" est utilisé toutefois) qui signifie « faites chauffer vos moteurs ».

**Marde** : Merde. Désolée pour la vulgarité, mais c'est ça qui est ça.

**Mom Boucher** : Chef d'un groupe criminel de motards, emprisonné au Québec. Je n'en dirai pas plus. J'ai peur des motards moi, ok?

**Niaiser** : Verbe en argot québécois qui signifie perdre son temps ou faire quelque chose d'inutile.

**Nid de poule** : Trous dans la chaussée. Phénomène ahurissant au printemps au Québec dû au dégel. Un nid de poule peut anéantir une roue en un rien de temps.

**Okidou** : Expression familière pour dire ok. Aucune économie d'espace à l'écrit ni d'air à l'oral. C'est juste le fun*.

**OMG (Oh my God)** : Ciel! Abréviation très répandue même chez les athées. Étrange.

**Pimper** : Terme (Pimp) anglais qui signifie « Améliorer ». Un « pimp » désigne également un proxénète, mais pas dans le contexte de mon livre. Quand même!

**Pire (pas si pire que ça)** : C'est pas mal.

**Pitoune** : Terme réducteur couramment utilisé au Québec pour désigner une femme plantureuse d'une

## Chauffeur ou passager?

certaine beauté et démontrant - en apparence - peu de personnalité et d'intelligence. On associe habituellement de type de femme aux hommes riches d'un certain âge. Peut aussi désigner un manège où les personnes sont assises dans un petit bateau ressemblant à un tronc d'arbre qui tombe dans une chute, au grand plaisir des passagers mouillés jusqu'aux petites culottes.

**Plug** : Prise/fiche électrique. Quand on tire la plug, on arrête quelque chose ou on prend une pause, selon le contexte.

**Pompon (en avoir ras le)** : En avoir marre (vu qu'un pompon est sur le dessus d'une tuque d'hiver, ça vous donne une idée de l'ampleur du ras-le-bol-isme en question).

**Poutine** : Un met typiquement québécois : pommes de terre frites, sauce brune, fromage en grains du Québec. Aucun raffinement, dur pour les artères, le poids, l'hypertension, et j'en passe, mais ciel que c'est bon!!!! À 3 h du matin, après une soirée en boîte de nuit, c'est divin. Et on passe le lendemain à digérer... Mais c'est un détail.

**Puck** : Terme anglais pour désigner la rondelle (terme canadien) ou le palet (Europe francophone) au hockey.

**Rebirth** : Renaissance sous hypnose, habituellement. Pour les nouveaux chrétiens, c'est une renaissance spirituelle, mais c'est pas de ça dont je parle dans le contexte du livre.

**Scrapper** : Supprimer. Mot emprunté à l'anglais et n'ayant aucunement la bénédiction de l'Office de la langue française du Québec.

**Shit** : Merde. Autre mot pas apprécié des anglophones même s'ils le disent à outrance. Quand même moins pire que *Fuck* et ses déclinaisons. J'aime beaucoup ce mot.

**Simonac** : Mot boni ne figurant plus dans la version finale. Mais vu que j'aime particulièrement ce mot, je le laisse dans le glossaire à des fins éducatives. Il s'agit d'un terme créé il y a longtemps par les Québécois pour ne pas utiliser de façon blasphématoire le mot « ciboire » (petite armoire pour conserver l'eucharistie dans la religion catholique). Ça évitait d'aller en enfer. En théorie.

**Timing** : Moment qui peut être propice ou non. Un bon timing, c'est d'être rentré dans la maison au moment où ton BBQ a explosé. Un mauvais timing, ça peut être de te faire offrir un travail super payant mais qui exige que tu sois toujours en déplacement alors que tu viens d'apprendre que tu vas avoir des jumeaux.

**Tripper** : Kiffer vraiment quelque chose. Trouver quelque chose captivant.

Chauffeur ou passager?

**Tuque** : Bonnet de laine. Au Québec, c'est tout ce qui peut recouvrir ta tête et te protéger du froid tout en laissant à peine de la place pour tes yeux, ton nez et ta bouche. Une tuque a souvent des cordons pour l'attacher encore plus solidement. Article indispensable avant et après l'adolescence. N.B. cet article n'est que rarement porté par les adolescents en hiver, mais étrangement porté par les adolescents masculins en été (sans les cordons). Certains hommes adultes la portent aussi en été pour se donner un genre newyorkais. Hum.

**Victimite** : Quand on se sent toujours une victime, quand c'est toujours la faute des autres, on « souffre » de victimite et on énerve la planète entière.

**Woowoo** : Argot américain pour désigner des croyances subjectives jugées « étranges ».

# REMERCIEMENTS

Je remercie mes enfants, **Fatima**, **Jacob** et **Pénéloppe**, qui, par leur simple existence, m'ont poussée à aller plus loin, à me confronter, à me voir à l'état brut, et à oser leur montrer qu'on peut prendre des risques, n'en déplaise aux autres. Merci de m'avoir choisie comme maman (tout un pari que vous avez pris!)

À mon mari, **Paul-André Robitaille**, qui m'a appuyée tout au long du processus et qui a su endurer mes crises existentielles, un gros merci et un gros bec!

Un merci particulier à **Caroline Paradis**, qui a joué avec moi à l'écrivaine pendant les heures de classe au primaire. Notre complicité restera un souvenir inégalable.

Merci à mes « **sacoches** »! Vous savez qui vous êtes. Votre amitié m'est précieuse et je vous aime de tout mon coeur. Vous êtes ma tribu.

Merci à ma **famille**, à mes **collègues de travail**, à mes **anciens amours** et aux **inconnus** qui ont croisé mon chemin, car vous m'avez tous permis de m'observer, de me découvrir et de définir la personne que je veux incarner. Gratitude.

## Chauffeur ou passager?

Un « marci buckets » à ma cheerleader-auteure dans cette aventure, Annie Roy, auteure de *Voyager avec de jeunes enfants – Quoi faire avant, pendant et après tout en s'amusant en famille!* » (disponible sur Amazon.ca)

Un remerciement tout spécial, rempli de gratitude éternelle, aux gens qui ont eu le goût de participer à ce rêve fou en faisant partie de mon **équipe de lancement**. Vous avez démontré qu'il fait bon d'aider quelqu'un à se propulser, à aller vers la meilleure version de lui-même. Vous avez été mes alliés et mes meilleurs critiques au moment où j'en avais le plus besoin.

Un *high five* à une femme d'affaires exceptionnelle que je découvre et qui me prouve que l'on peut être, agir, parler et écrire différemment et faire sa place quand même : **Mélissa Normandin Roberge**, qui a écrit la préface.

J'aimerais remercier **Wayne Dyer**, qui est probablement l'auteur qui m'a le plus marquée dans ma vie en raison de son authenticité et de son courage. Je ne vous oublierai jamais.

Pour terminer, je veux te remercier **TOI**, cher lecteur. Merci de m'avoir donné de ton temps. C'est un cadeau inestimable.

# POUR SUIVRE L'AUTEUR DANS LA CIRCULATION

**www.johannevoyer.com** : C'est un blog assez personnel qui laisse entrer les gens dans ma tête et mon cœur. J'y exprime mes opinions, parfois de façon déconcertante et je commente la vie quotidienne telle que je la vis dans mes différents rôles. Toujours authentique, toujours vrai, parfois un peu raide.

**www.teschoixtavie.com** : Plus pratico-pratique, j'offre dans ce blogue – souvent en partenariat avec des gens extraordinaires – des pistes de réflexion ou même des solutions (bien que j'essaie de ne pas agir comme si j'avais la science infuse!) afin que TOUS puissent prendre leur vie en main et devenir la meilleure version d'eux-mêmes tout en restant les deux pieds bien ancrés dans la réalité.

Inscris-toi gratuitement à mes blogs!

 Que serait ma vie sans Facebook? Autrement, j'imagine… Tu peux m'y retrouver à JohanneVoyer Public où je publie plein de trucs sérieux, débiles, inutiles, inspirants, etc. C'est comme la vie, quoi!

Chauffeur ou passager?

Viens me rejoindre aussi sur la page Facebook du livre *Chauffeur ou passager?* @chauffeuroupassager

J'y dépose la plupart des vidéos que je fais pour johannevoyer.com (recherche Johanne Voyer Youtube) ou pour teschoixtavie.com (recherche Tes choix ta vie YouTube).

Si tu veux retenir mes services de conférencière ou encore de gestionnaire spécialiste en courage managérial, c'est l'endroit où aller!

Pour voir les citations hebdomadaires, avoir un petit aperçu derrière le rideau ou juste pour me voir me moquer de moi-même, viens faire un tour sur Instagram.

Tu peux m'écrire aussi à :
**info@johannevoyer.com**

# T'EN PENSES QUOI FINALEMENT?

**Avant tout, MERCI d'avoir lu mon livre!**

J'aimerais VRAIMENT connaître ton opinion, car c'est très important pour moi.

Ça serait hyper généreux de ta part de prendre quelques minutes pour aller **donner TON avis** au sujet de mon livre sur **Amazon**.

Je t'en serais très, très reconnaissante!

Merci de tout cœur!

# ANNEXE A

Pour télécharger une version imprimable de l'annexe, va sur : www.johannevoyer.com/chauffeuroupassager/annexes/

*Consacre au moins 5 minutes de réflexion et d'écriture par question.*

**Découvrir sa machine**

**Q.1   Quelles sont les « qualités » dont tu es vraiment fier?**

**Q.2   Quels sont tes « défauts » selon toi?**
(Comme par miracle, les réponses vont te venir plus rapidement, étrange, non?)

**Q.2a   Quels sont ceux qui te sont quand même parfois utiles, et pourquoi?** (P. ex. si tu es

Chauffeur ou passager?

colérique, peut-être que ça te permet de te faire « respecter » par des vendeurs malhonnêtes ou craindre par tes patrons.)

**Q.2b Quels sont les défauts qui te nuisent la plupart du temps, et pourquoi?** (P. ex. si tu es colérique, il se peut que des gens te fuient ou, au contraire, te provoquent.)

**Q.3 Quels sont les reproches ou les compliments qu'on te fait le plus souvent et ceux qui t'ont le plus marqué dans ta vie, et pourquoi?**

**Q.3a Quels sont ceux avec lesquels tu es d'accord, et pourquoi?**

**Q.3b Pourquoi n'es-tu pas d'accord avec les autres?**

Annexe A

**Q.3c Dans la liste de traits de caractère ci-dessous, encercle ceux qui te ressemblent le plus POUR VRAI (pas ce que tu aimerais qu'on pense de toi, mais bien ce qui te décrit le mieux si tu es honnête avec toi-même).** En passant, un trait « négatif » n'en est pas un en tout temps, car il arrive – comme je le disais plus haut – qu'il soit utile et même souhaitable dans certaines circonstances. Ce qu'on veut ici, c'est se regarder droit dans les yeux et de s'assumer tel qu'on est actuellement

Accommodant
Accueillant
Actif
Aimable
Altruiste
Amical
Ambitieux
Anxieux
Audacieux
Authentique
Autonome
Autoritaire
Aventureux
Belliqueux/
querelleur
Bavard
Bohème
Bonasse
Brouillon
Calculateur
Calme
Capricieux

Casse-cou/
téméraire
Chaleureux
Charitable
Cohérent
Colérique
Communicatif
Compétitif
Compatissant
Compréhensif
Conciliant
Confiant
Conformiste
Consciencieux
Contestataire
Coopératif
Courageux
Courtois
Créatif
Curieux
Débrouillard
De nature
critique

Déterminé
Dévoué
D'humeur
changeante
Digne de
confiance
Diplomate
Directe
Discipliné
Discret
Docile
Doux
Drôle
Dynamique
Efficace
Empathique
Émotif
Encourageant
Énergique
Entier
Enthousiaste
Entreprenant

## Chauffeur ou passager?

| | | |
|---|---|---|
| Exigeant | Lent | Professionnel |
| (envers moi | Logique | Profond |
| ou autrui) | Loyale/fidèle | Prompt |
| Expressif | Mauvais | Prudent |
| Farceur | perdant | Raisonnable |
| Ferme | Méfiant | Rancunier |
| Fiable | Méthodique | Rationnel |
| Fonceur | Minutieux | Réaliste |
| Fort | Nerveux | Réceptif |
| Fragile | Non- | Réfléchi |
| Franc | conformiste | Renfermé |
| Généreux | Observateur | Responsable |
| Honnête | Optimiste | Rigoureux |
| Humaniste | Opportuniste | Rêveur |
| Hypersensible | Ordonné | Révolté |
| Idéaliste | Organisé | Secret |
| Impulsif | Orgueilleux | Sensible |
| Imaginatif | Ouvert d'esprit | Serein |
| Impatient | Ouvert au | Sérieux |
| Indécis | changement | Serviable |
| Indépendant | Patient | Sociable |
| Influençable | Perfectionniste | Solitaire |
| Innovateur | Persévérant | Souple |
| Inquiet | Perspicace | Spontané |
| Intellectuel | Persuasif | Sévère |
| Intuitif | Pessimiste | Susceptible |
| Irritable | Ponctuel | Sympathique |
| Jovial | Pratique | Têtu |
| Joyeux | Prévoyant | Timide |
| Leader | Proactif | Tolérant |

**Q.3d Inscris les huit à dix traits qui te décrivent le plus sous la colonne 1 de l'Annexe B** (qui se trouve aussi à la fin du livre).

Annexe A

**Q.4** Quelles qualités aimerais-tu développer ou préserver?

**Q.4a** Maintenant, reporte les 5 à 8 plus importantes pour toi dans la colonne 2 de l'Annexe B.

**Q.5 Réfléchis à des qualités que tu admires chez d'autres ou qui t'impressionnent. Note-les et indique comment tu te sens quand tu penses à ces qualités. Crois-tu avoir ces qualités?** (Inscris un **oui** ou un **non** à côté de chacune des qualités.)

# ANNEXE B

Pour télécharger une version imprimable **de plus grand format**, va sur :
www.johannevoyer.com/chauffeuroupassager/annexes/

| 1 | 2 | 3 | 4 | 5 |
|---|---|---|---|---|
| Q.3d<br>Qui je suis maintenant | Q.4a<br>Qui je veux être | Q.6<br>Mes valeurs personnelles | Q.7d<br>Mes objectifs | Q.8<br>Mes valeurs de vie |
|  |  |  |  |  |

# ANNEXE C

**Q.7** Rêve comme jamais!

# ANNEXE D

Pour télécharger une version imprimable **de plus grand format**, va sur :
www.johannevoyer.com/chauffeuroupassager/annexes/

**Q.7a    Le tri   //   Q.7b    Le possible dans imPOSSIBLE**

**Volet :** _____

| Tu rêves! | Ouais, c'est faisable, mais ça ne sera pas facile! | J'peux faire ça |
|---|---|---|
|  |  |  |

# ANNEXE E

Pour télécharger une version imprimable **de plus grand format**, va sur :
www.johannevoyer.com/chauffeuroupassager/annexes/

**Q.7c S'écouter vraiment**

| VOLETS | | | |
|---|---|---|---|
|  |  |  |  |
|  |  |  |  |
| **AVANTAGES** | | | |
|  |  |  |  |

# ANNEXE F

Pour télécharger une version imprimable **de plus grand format**, va sur :
www.johannevoyer.com/chauffeuroupassager/annexes/

Volet : _____

| Maintenant | D'ici 2-3 mois | D'ici 6 mois | D'ici 1 an |
|---|---|---|---|
|  |  |  |  |
|  |  |  |  |
|  |  |  |  |
|  |  |  |  |

www.ingramcontent.com/pod-product-compliance
Lightning Source LLC
Chambersburg PA
CBHW061324040426
42444CB00011B/2765